Drei „Adeptus Major"-Rituale

Die Einweihungs-Zeremonie
in der Sephirah Geburah

Kontakt: www.HarryEilenstein.de
Harry.Eilenstein@web.de
Harry Eilenstein bei youtube

Impressum: Copyright: 2022 by Harry Eilenstein – Alle Rechte, insbesondere auch das der Übersetzung, vorbehalten. Kein Teil des Buches darf ohne schriftliche Genehmigung des Autors und des Verlages (nicht als Fotokopie, Mikrofilm, auf elektronischen Datenträgern oder im Internet) reproduziert, übersetzt, gespeichert oder verbreitet werden.

Herstellung und Verlag: BoD – Books on Demand, Norderstedt

ISBN: 9783755748069

Inhaltsverzeichnis

I Der Adeptus Major

Das lateinische Verb „adeptisci" bedeutet „erlangen, durch Anstrengung erlangen, erreichen, erringen". Das davon abgeleitete Substantiv „Adeptus" bedeutet daher „Erhalt, Erlangung, Errungenschaft" und bezeichnet auch eine Person, die etwas mit Mühe errungen hat, also einen „Fortgeschrittenen". Ein Adept ist daher auch ein Magier mit fortgeschrittenen Kenntnissen. Im „Golden Dawn"-Orden und in den später gegründeten Orden, die sich auf ihn beziehen, sind die Adepten die Magier, die zu dem inneren Orden gehören.

Das Grad-System, zu dem auch der „Adeptus Major" gehört, leitet sich von dem kabbalistischen Lebensbaum her und ist wie folgt aufgebaut:

Das Grad-System					
Sephirah	**Planet**	**Grad**		**Bereich**	
		Name	*Zahl*	*Welt*	*Orden*
Kether	Pluto	Ipsissimus	10°=1°	Gott	dritter Orden: Geheime Anführer
Chokmah	Neptun	Magus	9°=2°	Gottheiten	
Binah	Uranus	Magister Templi	8°=3°		
Da'ath	Saturn	-	-		
Chesed	Jupiter	Adeptus Exemptus	7°=4°	Seele	„Innerer Orden" bzw. „Zweiter Orden": „Ordo Rosae Rubae et Aureae Crucis"
Geburah	Mars	Adeptus Major	6°=5°		
Tiphareth	Sonne	Adeptus Minor	5°=6°		
Netzach	Venus	Philosophus	4°=7°	Psyche	„Äußerer Orden" bzw. „Erster Orden": „Orden der goldenen Morgendämmerung"
Hod	Merkur	Practicus	3°=8°		
Yesod	Mond	Theoricus	2°=9°		
Malkuth	Erde	Zelator	1°=10°	Körper	
-	-	Neophyt	0°=0°	-	Anwärter

Der Grad des Adeptus Major entspricht der Sephirah Geburah und dem Planeten Mars und bezieht sich auf einen Teil des Bereiches der Seele. Der Seelen-Bereich wird insgesamt durch den Inneren Orden verkörpert.

Das dazugehörige Ritual, also das „Adeptus Major"-Ritual, ist die Weihung, die Ermächtigung und die Zulassung eines Adeptus Minor, also eines Magiers der vorhergehenden Stufe (Tiphareth), zu diesem Grad innerhalb des Ordens (Geburah). Dieses Ritual ist das Thema dieses Buches.

II Das „Adeptus Major"-Ritual des Golden Dawn

Über die in diesem Kapitel beschriebene Version dieses Rituals aus dem Golden Dawn, das u.a. (auf Englisch) an mehreren Orten im Internet zu finden ist, ist letztlich nichts Gewisses bekannt.

Möglicherweise stammt es tatsächlich wie die sechs Rituale vom Neophyten bis zum Adeptus Minor, die in dem Buch „The Golden Dawn" von Israel Regardie beschrieben werden, aus dem „Golden Dawn"-Orden.

Die Herkunft des folgenden Rituals ist zwar ungeklärt, aber es weist so viele Übereinstimmungen mit den von Regardie überlieferten Ritualen auf, daß man davon ausgehen kann, daß das im Folgenden beschriebene und übersetzte Ritual zumindestens große Ähnlichkeit mit dem damals tatsächlich verwendeten „Adeptus Major"-Ritual des Golden Dawn hat.

Zu den Übereinstimmungen gehören:

- der etwas altmodisch-bombastische Stil der Sprache,
- die Aktionen der Adepten,
- das Gewölbe (englisch: „vault") als zentrales Element in dem Ritual

Zu den Unterschieden, die jedoch nicht sonderlich schwer wiegen, zählen:

- das Fehlen einer Tempel-Skizze (verloren gegangen?),
- Unklarheiten in den Beschreibungen der Aktionen der Adepten (verloren gegangen?).

Der größte Unterschied ist:

- das Fehlen der Pfad-Rituale vor dem Sephirah-Ritual – diese Pfade und die zu ihnen gehörenden Tarot-Karten werden nur kurz innerhalb des Rituals erwähnt.

Es ist somit gut denkbar, daß es sich tatsächlich um das Golden Dawn-Ritual handelt, aber daß es möglicherweise unvollständig ist und daß die Rituale für den Pfad von Hod nach Geburah sowie für den Pfad von Tiphareth nach Geburah absichtlich sehr stark gekürzt worden sind und daß die Tempel-Skizze schlichtweg verloren gegangen ist.

Es ist auch unklar, ob dieses Ritual von dem ursprünglichen Golden Dawn stammt und damals allgemein im Golden Dawn üblich gewesen ist oder ob es in einem späteren Zweig des Golden Dawn entworfen worden ist.

Es ist auch nicht einmal ganz gewiß, ob es wirklich ein allgemein verwendetes „Adeptus Major"-Ritual gegeben hat oder ob die Rituale ab diesem Grad individueller gestaltet worden sind. Diese Individualität ist jedoch eher unwahrscheinlich, da der Rest des Ordens sehr stark reglementiert gewesen zu sein scheint.

MacGregor Mathers, einer der Gründer des Golden Dawn, hat Versionen der Einweihungs-Rituale für den Adeptus Major (Geburah) und den Adeptus Exemptus (Chesed) entworfen, aber nur wenige Personen in seinem Tempel in Paris mithilfe dieses Rituals auch tatsächlich eingeweiht. Es hat also im Golden Dawn Rituale für diese beiden Adeptus-Grade gegeben.

Die verschiedenen direkten Ableger des Golden Dawn haben mindestens vier verschiedene Versionen verwendet:

- die Mathers-Version: Von ihr ist nur wenig bekannt – sie soll vor allem Belehrungen enthalten haben, aber vermutlich auch Anleitungen, wie man mit den Mars-Kräften böse Mächte unterwerfen kann.

- die Felkin-Version: Das ist wahrscheinlich die in dem vorliegen Buch übersetzte Version.

- die erste Waite-Version: Sie ähnelt sehr stark der Felkin-Version.

- die zweite Waite-Version: Sie enthält deutlich mehr Elemente aus der christlichen Mystik als seine erste Version.

Die heutigen Ableger des Golden Dawn verwenden neu geschaffene Rituale oder umgeschriebene Versionen des Felkin-Rituals.

- - -

Das im Folgenden dargestellte und übersetzte Ritual ist auf jeden Fall die beste Annäherung an das damalige „Adeptus Major"-Ritual des Golden Dawn, das allgemein verfügbar ist.

A Der Aufbau des Tempels

Der Aufbau des Tempels und das Gewölbe (englisch: „vault") wird in dem Ritual selber nirgendwo vollständig beschrieben, aber in dem Buch „The Golden Dawn" von Israel Regardie wird beides in dem „Adeptus Minor"-Ritual sowie in den daran anschließenden Erläuterungen ausführlich und mit vielen Details dargestellt.

Da die Darstellungen bei Regardie keine Widersprüche zu den Hinweisen in dem Text des „Adeptus Major"-Ritual des Golden Dawn aufweisen, kann man die Darstellungen bei Regardie als Grundlage benutzen. In Regardies Buch „The Golden Dawn" findet sich auch das Ritual für die Weihung des Gewölbes.

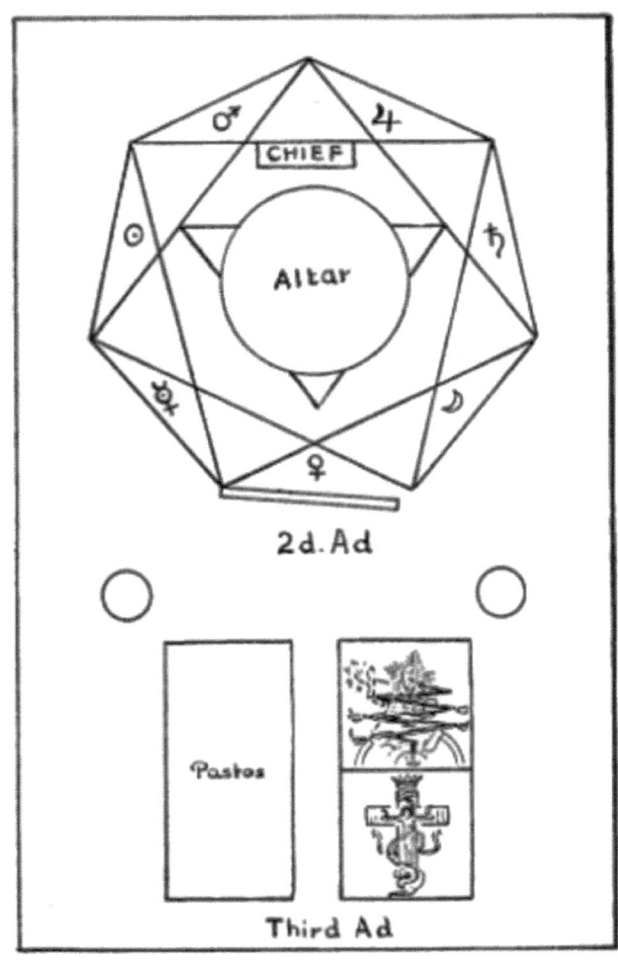

Der Osten ist auf der Skizze oben.

Der siebeneckige Raum ist das „Gewölbe".

Das Gewölbe steht also im Osten.

Der Altar im Gewölbe [der manchmal auch vor dem Gewölbe steht] ist weiß-golden.

Die 33 Kerzen, die in dem „Adeptus Major"-Ritual beschrieben werden, stehen auf dem Altar.

Der (tragbare) Sarkophag („pastos") wird in dem Ritual in das Gewölbe gestellt.

Wenn der Sarkophag im Gewölbe steht, ist das Kopfende in diesem Ritual links, d.h. im Norden.

Der linke kleine Kreis im Norden stellt die Säule des Wassers (Binah) dar, der rechte kleine Kreis im Süden stellt die Säule des Feuers (Chokmah) dar.

Auf dem Boden in der Mitte des Tempels liegt ein Stück smaragdgrüner Stoff.

Der Nebenaltar mit den Tarotkarten steht vermutlich an der unteren, westlichen Wand des Tempels.

Der Eingang zum Tempel befindet sich wahrscheinlich im Westen (auf der Skizze unten).

„Chief" ist der Haupt-Adept.

„2d. Ad" ist der Zweite Adept.

„Third Ad" ist der Dritte Adept.

B Betrachtung des Rituals

Das Auffälligste an diesem Ritual ist, daß es um die Symbolik von Tod und Auferstehung herum aufgebaut ist, was eigentlich ein Thema des Grabens zwischen Netzach/Hod/Yesod und Tiphareth sowie von Tiphareth selber, aber nicht von Geburah ist. In dieser Hinsicht könnte man ein „Adeptus Major"-Ritual, das ja ein Geburah-Ritual ist, auch anders, also „marsischer" aufbauen.

Möglicherweise ist jedoch das „Gewölbe" als das zentrale Element für alle drei Adeptus-Grade (Minor, Major und Exemptus) verwendet worden. Dann würde das „Gewölbe" zwar auch ein Grab darstellen, aber im Wesentlichen doch allgemein für den Bereich der Seelen, also das Jenseits stehen.

Der Aufbau des Tempels als die Sephirah Geburah mit den Pfaden 22 und 23, die zu ihr führen, ist hier wie bei den Einweihungs-Ritualen des Golden Dawn üblich, also in Anlehnung an den kabbalistischen Lebensbaum, durchgeführt worden.

Die beiden Pfade, die von Hod und Tiphareth nach Geburah führen, sind in diesem Ritual nicht wie bei den anderen, von Regardie überlieferten Ritualen, eigenständige Teile vor dem eigentlichen Ritual, sondern werden nur kurz in dem Hauptritual erwähnt.

Die Erscheinung von Shekinah, die über den 18. Pfad von Binah nach Geburah kommt, ist hingegen im Vergleich zu den von Regardie überlieferten Ritualen ungewöhnlich – aber innerhalb des Rituals durchaus schlüssig.

Das 36-stündige Liegen des Anwärters für den „Adeptus Major"-Grad in dem Sarkophag, das der Hauptteil des Rituals ist, ist eine ziemlich drastische Methode, die jedoch eine lange Tradition hat. Sie ist allerdings noch recht harmlos im Vergleich zu den tibetischen Lamas, die sich teilweise jahrelang in einer Klause ohne Fenster einmauern lassen. Dieser Teil des Rituals dürfte recht wirksam sein.

Die Körperfeindlichkeit, also der „Sieg der Seele über den Leib" ist in diesem Ritual recht ausgeprägt – dieser Aspekt der Zeremonie hätte Waite sicherlich gefallen, Crowley wäre von ihm hingegen vermutlich deutlich weniger angetan gewesen …

Die Texte in dem Ritual werden gegen Ende der Zeremonie immer kraftvoller – was ja im Sinne einer guten Dramaturgie auch sinnvoll ist.

Shekinah ist die erste Rolle in den Einweihungs-Ritualen des Golden Dawn, die ausdrücklich von einer Frau durchgeführt wird.

Es fällt auf, daß immer nur von „Fratres" die Rede ist, aber nie von „Sorores" – ist der Orden, der dieses Ritual verfaßt hat, ein reiner Männer-Orden gewesen? Falls das zutreffen würde, würde sich die Frage stellen, wer die Rolle der Shekinah übernommen hat.

In den von Regardie überlieferten Ritualen vom Neophyten bis zum Adeptus Minor wird angegeben, welche Gottheiten die Adepten und die Helfer in dem Ritual einnehmen – diese Anweisungen fehlen hier leider.

Um ein effektives Ritual durchzuführen, wären solche individuellen Invokationen durchaus sinnvoll. Die betreffenden Gottheiten sollten idealerweise alle zusammen Teil derselben Mythe sein, die einen Bezug zu der Einweihung hat, damit insgesamt auch diese Mythe „invoziert" wird.

C Das „Adeptus Major"-Ritual des Golden Dawn

Das im Folgenden dargestellte Ritual ist die Übersetzung der einzigen Version des Golden Dawn, die überliefert worden zu sein scheint.

Es sind vereinzelt kurze Kommentar eingefügt worden, wo dies für das Verständnis des Rituals förderlich schien. Die Einfügungen von mir stehen in [eckigen Klammern].

Das 6°=5° Adeptus Major Einweihungs-Ritual

entsprechend den traditionellen Lehren des Ordens

6°=5° Adeptus Major Grad

Zeremonie des Grades des Adeptus Major

— Teil I —

1. Allgemeines

a) Beschreibung der Teilnehmer

SHEKINAH oder MATRONA: Rosen-farbenes Gewand, langer schwarzer Schleier, Alabaster-Lampe mit Öl, Akazien-Zweig.

HAUPT-ADEPT: „KÖNIG VON SALEM": blau/purpurne Nemyss [„Pharaonen-Kopftuch"] und Gewand; Ankh, Stab mit Flügelsonne und Lamen [Brustplatte mit Symbol an einer Kette].
[Dieser Adept ist der Farbe Blau zufolge der Repräsentant von Chesed.]

ZWEITER ADEPT: „VORZÜGLICHER FÜRST DES HORIZONTS": rot/orange Nemyss und Robe, Ankh, Stab mit Phönix und Lamen.
[Dieser Adept ist der Farbe Rot zufolge der Repräsentant von Geburah.]

BITTSTELLER [Einzuweihender]: an Punkt 1 ein schwarzer Schleier; an Punkt 2 ein purpurnes Gewand und rote Schuhe.
[Der Bittsteller befindet sich zuerst in einer Krise (schwarz), aber erreicht dann Geburah (rot).]

DRITTER ADEPT: „EDLER HERR DER ABENDZEIT": gelb/rosa Nemyss und Gewand, Ankh, Stab mit Lotus und und Lamen.

[Dieser Adept ist der Farbe Gelb zufolge der Repräsentant von Tiphareth.]

b) Beschreibung des Tempels

Das GEWÖLBE ist vollständig in Rot gehüllt. Der schwarze Sarkophag steht unverhüllt da – mit der Kopfseite nach Norden.

Am Kopfende ist ein Podest.

Das Licht ist verhüllt.

Im TOR stehen zwei Säulen.

Im Süden [vor der Säule] ein rotes Ankh, das ein Räuchergefäß hält.

Im Norden [vor der Säule] ein blaues Djed, das einen Wasserkelch hält.

Das Tor zum Gewölbe ist auf seiner Außenseite mit einem blauen Behang bedeckt, auf dem sich in orange eine Sonne auf einem Kreuz befindet.

Auf der Mitte des Fußbodens liegt ein smaragdgrünes Stück Stoff.

Ein weißer/goldener Altar, der in der Mitte geteilt ist.

33 Kerzen, zwei Kerzenlöscher.

Eine Glocke [wird in dem Ritual mehrfach benutzt; ihr Platz und wer sie benutzt wird nicht gesagt].

Eine Kerze für den Haupt-Adepten.

Ein Räuchergefäß.

Die Tarot-Karten „Gerechtigkeit" und „Der Gehängte" für den 2. Teil.

Ein Streifen Leinen, um den Bittsteller in Teil 2 zu binden.

Lamen des Hohepriesters in Teil 2.

Waage mit Herz und Feder in Teil 2 [Symbolik des ägyptischen Jenseitsgerichts].

c) Position der Adepten

Die drei Adepten sitzen in einem Dreieck und blicken auf das Gewölbe.

d) Anweisungen

Der Bittsteller erhält vor dem Ritual die vollständigen Anweisungen bezüglich der Stille, des Klopfens und der Gesten.

e) Vorbereitung

Vorbereitung des „Lichtes" durch Shekinah: Sie gießt Olivenöl in die Alabaster-Lampe und spricht:
„Das Öl ist der Baum des Lebens – möge der Baum sein Leben geben."

Sie mischt ihr Blut mit dem Öl und spricht:
„Das Blut ist das Leben des Menschen – möge der Mensch sein Leben geben."

Während sie den Docht in dem Öl entzündet, spricht sie:
„Das Licht ist das Leben der Welt – mögen alle Lebenden frohlocken!"

2.   Eröffnung

Haupt-Adept erhebt sich, Zweiter Adept ebenfalls, Dritter Adept ebenfalls.

Haupt-Adept: *„Avete Fratres et Sorores!"*

Alle erheben sich.

Haupt-Adept und Zweiter Adept gemeinsam: *„Benedictus Dominus Deus Noster."*

Alle Anwesenden, angeführt vom Dritten Adepten: *„Que dedit nobis Hoc Signum."*

Alle berühren das Rosenkreuz auf ihrer Brust.

Haupt-Adept: *„Sehr verehrte Adepti Majores – unterstützt mich dabei, das Gewölbe der Adepten in dem Hohen Grad von Geburah zu eröffnen. ... Vorzüglicher Fürst des Horizontes – überprüfe, ob alle Anwesenden zu diesen Mysterien zugelassen sind."*

Zweiter Adept: *„Sehr geehrte Fratres und Sorores, gebt das Zeichen."*

Das wird getan.

Haupt-Adept: *„Edler Herr der Abendzeit – was ist das Wort?"*

Dritter Adept: *„Elohim Gibor."*

Haupt-Adept: *„Gewähre uns Deine Kraft, O Herr! ... Vorzüglicher Fürst des Horizontes – was ist die mystische Zahl, die daraus erschaffen wird?"*

Zweiter Adept: *„Die Zahl ist 20."*

Haupt-Adept: *„Edler Herr der Abendzeit – was ist die Bedeutung davon?"*

Dritter Adept: *„Es ist die Vereinigung der Enochia-Tafeln und der Cherubim-Symbole."*

Haupt-Adept: *„Der Herr ist meine Stärke und mein Gesang."*

Zweiter Adept: *„Er ist auch durch die Erlösung entstanden."*

Haupt-Adept: *„Laßt uns in der Stärke des Elohim Gibor mit ruhigem Gemüt und in sich gesammeltem Herzen das Tal der Schatten betreten."*

Zweiter Adept: *„Du wirst den in vollkommenem Frieden bewahren, dessen Geist ganz auf Dich gerichtet ist."*

Dritter Adept: *„Die Nacht kommt und auch der Tag; wenn Du zurückkehren willst, dann kehre zurück. ... Verlöscht das Licht in dem Gewölbe."*

Haupt-Adept und Zweiter Adept: *„Öffne das Tor des Gewölbes und tritt ein.“*

Der Haupt-Adept geht zum Osten und nimmt die Kerze.

Der Zweite Adept bleibt im Westen.

Der Dritte Adept bleibt draußen.

Eine Glocke erklingt.

Haupt-Adept: *„O Tod, wo ist Dein Stachel?“*

Zweiter Adept: *„O Grab, wo ist Dein Sieg?“*

Haupt-Adept und Zweiter Adept: *„Dank sei Gott, der uns den Sieg gibt!“*

Sie halten ihre Stäbe so, daß sich deren Ende über dem Podest befinden, und erheben ihre Ankhs, die sich über den Stäben treffen.

Haupt-Adept: *„Sag, mein Bruder – was ist dieses Symbol, daß wir über dem Grab erheben?“*

Zweiter Adept:
„Es ist das Symbol des Lebens;
die Vereinigung des Gürtels der Großen Mutter mit dem Tau-Kreuz des Todes;
es ist das Zeichen des ewigen Lebens des Geistes,
den die Göttlichen unter die Menschen ausgießen
und sie dadurch von dem Leib des Todes erlösen.“

Haupt-Adept: *„Wahrlich, Du hast gut geantwortet, mein Bruder. ... Laßt uns dann die Große Mutter anflehen, uns alle von dem Tod der Seele zu dem Leben des Geistes auferstehen zu lassen.“*

Sie wenden sich alle nach Osten während sie noch immer ihre Stäbe über das Podest halten, aber ihre Ankhs wieder trennen, die sie nun in der Invokation in die Höhe erheben. Sie sinken auf ein Knie.
Der Dritte Adept kniet und erhebt sich ebenfalls – ohne Ankh.

Haupt-Adept:
„Mutter des Lebens, verborgenes Heim des Feuers des Geistes, gewähre uns Dein Leben.
Mutter von allen, Matrone – wir wollen wahrlich werden wie der brennende Busch, der nicht verbrannt ist – ein Zeichen für die, die Augen haben um zu sehen.
Stern des Meeres – in Deinen Händen ist die Lampe des Verstehens; zeige uns, wenigstens für einen Augenblick!, einen Strahl Deines göttlichen Lichtes!
Rose der Welt – gewähre uns den Atem Deines unbeschreiblichen Duftes!

Turm von Elfenbein – hülle uns in Deine beschützende Reinheit!

Gib uns, die wir Dich anflehen, an diesem Tag und zu dieser Stunde, Deine Hilfe bei dem hohen Werk, zu dem wir uns hier versammelt haben!

Stärke den Bittsteller, der die Erleuchtung durch die Tore der Finsternis sucht; daß er dadurch, daß er das Tal der Bitterkeit durchquert, dort die Quelle des lebenden Wassers findet!

Sende seiner Seele die Visionen des Geistes, der das Verstehen erweckt und der uns mit einem Leuchtfeuer zu den Pisgah-Gipfeln der Heiligkeit ruft.

Möge er dort die Perle der Großen Kostbarkeit finden, der der Magnetstein der Weisen ist.

SHEKINAH!"

Zweiter Adept: *„Shekinah!"*

Dritter Adept: *„Shekinah!"*

Alle drei Adepten: *„Shekinah!"*

Der Dritte Adept verlöscht das Licht in dem Gewölbe.

Das Gewölbe, das zuerst dunkel war, wird allmählich heller und enthüllt die Gestalt der Shekinah, die die Lampe unter ihrem Schleier hält.

Bei dem letzten Wort hält sie die Lampe aus dem Schleier heraus und läßt das Licht der Reihe nach auf die Adepten leuchten.

Sie neigen einen Augenblick ihr Haupt.

Shekinah zieht sich schweigend zurück.

Die Adepten erheben sich und verlassen schweigend das Gewölbe.

3. Teil 1

Das Licht im Gewölbe ist verloschen.

Das Tor des Gewölbes ist verschlossen.

Die Adepten sitzen in der Form eines Dreiecks.

[Dreieck: vermutlich wie die drei Sephiroth Chesed, Geburah und Tiphareth auf dem Lebensbaum angeordnet]

Der Bittsteller ist zuvor in das Klopfen usw. eingewiesen worden.

Er ist in weiß gekleidet und trägt einen schwarzen Strick um seine Hüfte, eine schwarze Kapuze über seinem Kopf, schwarze Schuhe.

Er trägt das Lamen des Hohepriester.

Der Dritte Adept geht hinaus und überprüft, ob er auf die rechte Weise vorbereitet ist; dann kehrt er zurück und läßt die Tür einen Spalt offen.

Der Bittsteller klopft einmal zögernd.

Innen erklingt zweimal eine Glocke.

Zweiter Adept:
„Die Stunde der Nacht nähert sich;
die Schatten des Abends versammeln sich;
der, der weit gewandert ist,
der durch die Hitze und die Last des Tages gereist ist,
sucht nach Rast."

Haupt-Adept: *„So laßt uns denn die Zeit nutzen. Vorzüglicher Fürst des Horizontes – wo ist der Ort der Rast?"*

Zweiter Adept: *„Östlich der Sonne und westlich des Mondes."*

Der Bittsteller klopft nachdrücklicher.

Zweiter Adept: *„Rast nach der Arbeit ist sehr willkommen."*

Haupt-Adept: *„Wie hat sich der, der um Einlaß bittet, auf die Rast vorbereitet?"*

Zweiter Adept:
„Durch eine getreue Befolgung der Regeln unseres Ordens;
durch die körperliche Reinigung,
die die Reinigung, nach der wir streben, widerspiegelt;
durch die Beachtung der Abstinenz und des Schweigens
über eine Zeitspanne von 20 Stunden;
zum Zeichen dafür erlegen wir ihm einen letzten Test auf,
bevor wir ihn in das Tor einlassen."

21

Der Zweite Adept wendet sich zu dem Dritten Adepten und spricht: *„Edler Herr der Abendzeit, bevor wir den Bittsteller zulassen, vergewissere Dich, daß er sein Gelübde getreu eingehalten hat."*

Der Bittsteller klopft dreimal mit Dringlichkeit.

Der Dritte Adept öffnet das Tor, aber versperrt den Weg und sagt: *„Aufgrund welchen Rechtes begehrst Du Einlaß in diese heiligen Bereiche?"*

Der Bittsteller weist schweigend auf das Lamen des Hohepriesters, das er trägt.

Der Dritte Adept nimmt das Lamen und tritt beiseite, um den Bittsteller einzulassen und spricht dann: *„Gnädiger König von Salem, ich habe den Bittsteller geprüft und er hat sein Schweigen gehalten."*

Drei Glocken-Töne.

Der Bittsteller geht zu dem Ende des Teppichs.

Der Dritte Adept leitet den Bittsteller [im Folgenden] bei jedem „Doch wer ist dies?" jeweils einige Schritte weiter bis er bei dem letzten „Doch was ist dies?" an dem oberen Ende der Stufen, die dem Gewölbe gegenüberliegen, ankommt.

Haupt-Adept: *„Die Stunde wird kommen und siehe!, sie ist jetzt gekommen, in der der der Sohn des Menschen erscheinen wird! Bist Du daher bereit, das Gewand des Fleisches abzulegen, damit die Seele ungefesselt hervortreten kann, um IHM in den Lüften zu begegnen?"*

Der Bittsteller gibt das Zeichen des getöteten Osiris. [Arme über der Brust kreuzen]

Der Zweite Adept entfernt die schwarze Kapuze, während er hinter dem Bittsteller steht.

Der Haupt-Adept und der Zweite Adept erheben sich und wenden sich ihm zu.

Der Haupt-Adept hebt seinen Stab und sein Ankh hoch empor.

Haupt-Adept:
„O ihr göttlichen Mächte,
die ihr in der Gegenwart des Allerhöchsten seid,
gewährt mir eure Waffen,
denn ich bin der, der unter euch erscheinen wird!"

Dritter Adept: *„Doch wer ist dies?"*

Zweiter Adept: *„Ich bin die göttliche Seele, die in den sieben Sphären wohnt."*

Dritter Adept: „*Doch wer ist dies?*"

Zweiter Adept: „*Ich bin der, der nicht zu den Göttern zurückgetrieben wird.*"

Dritter Adept: „*Doch wer ist dies?*"

Zweiter Adept: „*Ich bin das Gestern; ich kenne das Morgen.*"

Haupt-Adept:
„*Das Gestern ist Osiris und das Morgen ist Re;*
Ich bin der Einzige, der Herrscher dessen, was ist.
...
Doch wer ist dies?"

Zweiter Adept:
„*Ich bin der Phönix, die lebende Gegenwart,*
die aus der Asche der toten Vergangenheit aufsteigt;
ich bin der Hüter des Bandes des Buches der Dinge, die sein werden.
Die Ewigkeit ist der Tag und die unendliche Dauer ist die Nacht."

Dritter Adept: „*Doch wer ist dies?*"

Zweiter Adept:
„*Ich bin Thot, der Schreiber der Heiligen Opfergaben;*
ich bin der, der sich an seinem Ort erhebt,
der in die heilige Stadt kommt.
Ich habe meine Mängel beendet
und meine Makel beseitigt."

Der Dritte Adept löst die schwarze Schnur um die Hüfte des Bittstellers.

Dritter Adept: „*Doch was ist dies?*"

Zweiter Adept:
„*Dies ist das Lösen des vergänglichen Leibes des Osiris,*
der siegreich vor allen Göttern ist;
all seine Makel sind vertrieben worden;
es ist die Reinigung des Osiris an dem Tag seiner Geburt."

Haupt-Adept:
„*Ich gehe den Weg hinüber;*
ich kenne das Haupt des Sees der Wahrheit,
selbst den See von Silam, der der See der Heilung ist."

Dritter Adept: „*Doch was ist dies?*"

Er deutet auf das Tor zum Gewölbe.

Zweiter Adept:
„Dies ist das nördliche Tor der Unterwelt,
ja, die Tür des Grabes,
auf dem Du die Sonne an ihrem Nadir erblicken kannst,
gekreuzigt zwischen den Säulen des Lebensbaumes.“

[Nadir: Gegenpol zum Zenit oben am Himmel, also der Punkt unter der Erde]

Alle blicken nach Osten.

Haupt-Adept: *„Wir huldigen Euch, o Herr des Lichtes und der Wahrheit, o allerhöchster Fürst, der die Sünde vergehen läßt. Vernichte die Makel, die in mir sind, daß ich Dir mit reinem Herzen nahen kann, wenn Du sagst: 'Kommet zu mir.'“*

Pause.

Der Haupt-Adept wendet sich an den Bittsteller, der bei der vorangegangen Zeremonie allmählich vorwärts geleitet worden ist und nun vor der Tür des Gewölbes steht.

Haupt-Adept:
„Frater XX, auf Deiner Seele liegt schon eine dreifache Verpflichtung;
    - in Malkuth wurden Deine Füße gebunden, daß sie auf dem Pfad des Gerichtes und der Gleichheit bleiben;
    - auf dem Pfad des Pfeils wurden Deine Lenden mit den Bändern der Reinheit und der Selbstzucht gebunden;
    - in Tiphareth wurde Dein Herz mit der dreifachen Schnur der Liebe, des Dienens und des Opfers gebunden.
Halte deshalb die Gebote des Herrn ein;
binde sie um Deinen Nacken:
    - wenn Du gehst, sollen sie Dich leiten;
    - wenn Du schläfst, sollen sie Dich halten;
    - wenn Du wachst, sollen sie mit Dir sprechen.
Bist Du bereit, nachdem Du solcherart Deinen Leib mit dem gesprochenen Wort gebunden hast, nun auch Deine Seele mit dem Schweigen, von dem Du noch nicht befreit worden bist, zu binden?
Wenn Du mit Deinem Geist zustimmst, dann zeige dies, indem Du das Zeichen des Lichtes machst.“

Der Bittsteller macht schweigend die LUX-Gesten.

[Die Licht-Gesten:

1. Arme seitwärts (Osiris, Kreuzigung);

2. rechter Arm nach oben, linker Arm seitwärts (Trauer der Isis); das „L" von „Lux" = „Licht";

3. beide Arme wie bei einem „V" schräg seitwärts nach oben (Apophis und Typhon); das „V" bzw. „U" von „LUX";

4. Arme vor der Brust kreuzen (auferstandener Osiris); das „X" von „LUX"]

Der Zweite Adept und der Dritte Adept stellen ihn mit dem Rücken gegen die Tür des Gewölbes, wobei der Bittsteller seine Arme seitlich ausstreckt, die dabei von den beiden Adepten gestützt werden. [Der Bittsteller steht also in der Kreuzhaltung.]

Haupt-Adept: *„Er, der seine Seele findet, wird sie verlieren; und er, der seine Seele für mich verliert, wird sie finden."*

Zweiter Adept: *„Er, der nicht sein Kreuz nimmt und mir nachfolgt, ist meiner nicht wert."*

Die Glocke erklingt viermal.

4. Die Verpflichtung

Der Haupt-Adept spricht die folgenden Worte und am Ende eines jeden Satzes neigt der Bittsteller schweigend [und damit zustimmend] sein Haupt:

„Ich, Frater XX, Mitglied des 5°=6° Adeptus Minor Grades der uralten Rosenkreuzer-Bruderschaft vom Rosenkreuz und vom Goldkreuz – ich stehe hier vor dem Tor zu dem Gewölbe der Adepten – ich bestätige und bezeuge feierlich den Glauben, den ich in meinem Herzen trage, an jene Großen Mysterien, zu denen die Kleinen Mysterien das Tor sind; ich glaube, daß sie in Schweigen in die Seele eingepflanzt werden und daß sie nur durch den Schleier des Schweigens erblickt werden können.

Ich stehe hier in der Haltung des getöteten Osiris und bekräftige mit aller Ernsthaftigkeit und aller Einsgerichtetheit des Herzens, daß ich darüber das allervollkommenste Schweigen bewahren werde.

Ich gebe mein Wort, daß ich sie niemals den Weltlichen eröffnen werde und daß ich niemandem gegenüber jemals auf sie hinweisen werde, der unterhalb des Ranges eines Theorici Adeptus Major ist.

[Dieser Rang ist vermutlich ein Adeptus Minor, der sich auf den Grad des Adeptus Major vorbereitet.]

Ich werde fürderhin danach streben, meine Ohren vor dem Ruf des Bösen und Unreinen zu verschließen – sei es rings um mich oder in meinem Herzen – denn ich bin fest davon überzeugt, daß der, der die bösen Dinge betrachtet oder ihren Verlockungen lauscht – außer wenn er festen Willens und in der festen Absicht ist, dessen Ausbreitung zu verhindern und seine Macht in das Gute, Wahre und Schöne zu verwandeln – nichts anderes bewirken kann als das Böse zu vermehren.

So steht es geschrieben: 'Wer ist blind wie mein Diener oder taub wie mein Bote, den ich gesandt habe?'

Weiterhin werde ich blind gegenüber den Sünden und Schwächen der anderen sein – außer wenn es meine hohes Vorrecht ist, denen zu helfen und die zu erheben, die nach Hilfe suchen.

Möge mir wahre Demut und Barmherzigkeit des Geistes für dieses Werk gewährt sein.

Ich werde weiterhin beständig beten, daß meine Schritte nicht straucheln und auch nicht abirren von dem geraden und schmalen Pfad, von dem gesagt wird: 'wenige gibt es nur, die ihn finden'.

Möge ich darin von dem Wort geleitet werden, das die Lampe für die ist, die suchen; möge ich, in dem ich jede Last ablege, nach dem greifen, was vor uns liegt.

Und schließlich werde ich mich des Erreichens der geistigen Vision oder meines

Strebens danach erinnern, aber deshalb in keiner Weise meine Verpflichtungen, die ich auf der irdischen Ebene habe, vernachlässigen; und zum Zeichen dafür werde ich ernsthaft danach streben, ein reines und ehrenhaftes Leben zu führen, die zu trösten, die klagen, die zu verbinden, die ein gebrochenes Herz haben, denen Freiheit zu verkünden, die gefangen sind, denen Kerker zu öffnen, die gebunden sind, und die ans Licht zu führen, die in der Finsternis sitzen.

Möge Elohim Gibor mir die Stärke geben, diesen Eid zu erfüllen!"

Der Dritte Adept bringt das Räuchergefäß zu dem Haupt-Adepten, der den Bittsteller in der Form eines Pentagramms beweihräuchert: vom Kopf zum rechten Fuß, zur linken Hand, zur rechten Hand, zum linken Fuß und wieder zurück zum Kopf.

Der Zweite Adept und der Dritte Adept geleiten ihn schweigend von dem Tor fort.

Ende des ersten Teils.

5. Teil 2

a) Anordnung der Kerzen:

Die lateinischen Zahlen geben die Reihenfolge des Auslöschens der Kerzen an.
Drei Kerzen bleiben brennen.

[Die arabischen Zahlen in den Klammern geben die Anzahl der Kerzen an. Die Symbolik der Kerzen wird später noch im Ritual erklärt.]

				1 weiß				
1 blau	(I) 2 braun	(III) 4 grün	(II) 4 rot		(IV) 1 rot	(V) 4 grün	(I) 2 braun	1 blau
			(VI) 3 gelb	(V) 7 violett	(VI) 3 gelb			

[6. Ritual]

Der weiße Altar steht in der Mitte zwischen dem Eingang und dem Tor zu dem Gewölbe. Auf ihm stehen die Kerzen, die noch nicht entzündet sind.

Westlich davon ist ein weiterer Seitenaltar, auf dem die Tarot-Karten der Gerechtigkeit und des Gehängten liegen – er verbirgt die Kerzen vor dem Bittsteller.

[Diese Stelle ist ein wenig unklar – hängt dort ein Schleier vor dem Altar?]

Der Haupt-Adept und der Zweite Adept sitzen auf den beiden Seiten des Altars – das Tor des Gewölbes ist offen.

Der Dritte Adept bleibt im Westen.

Der Bittsteller ist nun barfuß und trägt lediglich scharlachrote Pantoffeln; und ihm wurde ein purpurner Schleier übergeworfen. Das Zulassungs-Zeichen ist eine Waage mit einem Herz in der einen Waagschale und einer Feder in der anderen Waagschale.

Der Dritte Adept geht den Bittsteller holen.

Als sie eintreten, erklingt fünfmal eine Glocke.

Der Dritte Adept legt die Waage beiseite.

Haupt-Adept: *„Wer ist dies, der von Edom kommt mit gefärbten Gewändern aus Bozrah?“*

Zweiter Adept: *„Ich habe die Weinpresse alleine getreten und von all den Leuten war niemand mit mir; und ich sah mich um und es kam keine Hilfe und ich wunderte mich, warum dort niemand war, um mir zu helfen.“*

Haupt-Adept: *„Es ist gut, daß ein Mensch zugleich auf die Erlösung durch den Herrn hoffen und still auf sie warten soll, denn er wird nicht für immer verdammt sein, denn auch wenn er Leid erschafft, wird er doch Barmherzigkeit entsprechend der Größe seiner Gnade haben. Laßt uns jetzt deshalb beten, daß Deine Schritte beim Durchwandern des Tales des Todes nicht straucheln werden.“*

Alle knien und blicken nach Osten.

Haupt-Adept:
„O Herr der Stärke, Elohim Gibor,
in aller Demut des Geistes bitten wir um Deinen Segen.
Wir flehen Dich an, blicke herab auf diesen Bittsteller,
der nun vor Dir kniet und an die Tore des Grabes klopft.
Gewähre ihm Deine Hilfe, O Gott Israels,
der seinem Volk Macht gewährt.
Gieße Deinen Segen aus – wir flehen Dich an!

O Du mit dem Feuer-Herzen,
der den Tod sendet, damit wir das ewige Leben erlangen;
Du, auf dessen Wort hin der Donner grollt und die spitzen Blitze hervorzucken,
gewähre uns, daß wir inmitten des Sturmes Frieden finden.
Meister des Diadems des Feuers, kröne ihn mit Licht,
daß er, wenn er aus der Finsternis des Grabes hervortritt,
in den endlosen Tag eintreten wird.
AMEN. "

Eine Pause.

Alle erheben sich und der Haupt-Adept zeigt auf die Djed-Säule, von der der Dritte Adept eine Schale mit Wasser nimmt und sie in die Hände des Bittstellers legt.

[Das Djed ist das ägyptische Symbol des Weltenbaumes und des Rückgrates des Osiris. Da vor dieser Säule Wasser steht, ist dies die linke Säule des Lebensbaumes, die aus den Sephiroth Hod, Geburah und Binah besteht.]

Haupt-Adept:
„So weit bist Du, o Bittsteller, den Berg Abiegnus, ja, den Berg der Einweihung hinaufgestiegen.
Deine Füße haben Pfade betreten, steil und schmal, doch deutlich markiert durch die, die vor Dir dort gegangen sind.
Bei jedem Schritt haben sich freundliche Hände zu Dir ausgestreckt, bereit, Dir zu helfen; freundliche Stimmen haben Ermutigungen in Dein Ohr gesprochen.
Nun mußt Du alleine weiter in die Finsternis des Grabes gehen und gedenken, daß gesagt wurde 'Ich habe die Weinpresse alleine getreten.'
Zu jedem, der das Licht sucht, kommt eine Zeit der Finsternis – jene dunkle Nacht der Seele, vor der die Heiligen uns gewarnt haben.
Zu jedem kommt eine Zeit, wenn die Seele die Reinigung der absoluten Verneinung erhalten muß, bevor sie das Gebot hört 'Tritt ein in die Freude Deines Herrn!' – jene Reinigung, vor der die Wasserbecken unserer früheren Zeremonien nur eine Vorahnung gewesen sind.
Edler Herr der Abendzeit, gib die Schale des Wassers in die Hände des Bittstellers, damit er sein Antlitz wie in einem dunklen Glas erblicken kann. "

Der Dritte Adept führt dies aus und leitet den Bittsteller an, beständig auf sein Spiegelbild zu schauen.

Haupt-Adept:
„Siehe nun, mein Frater, Dich selber im Wasser untergetaucht, ja, so wie vor Alters der Bittsteller bei der Taufe unter Wasser getaucht wurde bis er die Tore des Todes

betrat, und dann – und erst dann – wieder auftauchte – gereinigt von den Befleckungen der Erde.

[Am drastischsten haben die Kelten diesen Beinahe-Einweihungstod bei den Druiden-Einweihungen durch ein Beinahe-Ertränken durchgeführt.]

So mußt auch Du Dich selber in Dunkelheit und Stille reinigen – Leib und Seele – bevor Du den Pfad des Fegefeuers beschreiten kannst, von dem die südliche Säule das Zeichen ist, und zu der Auferstehung gelangst, auf die wir geduldig hoffen.

[Auf dem Lebensbaum ist die rechte, südliche Säule die Feuer-Säule (Netzach – Chesed – Chokmah). Die Säule des Wassers steht links, d.h. im Norden.]

Kein Mensch lebt für sich allein und kein Mensch stirbt für sich allein; vielmehr nimmt jeder die Leben seiner Gefährten in sich auf – so wie ein Spiegel alle Bilder rings um ihn aufnimmt.

Der stille Spiegel gibt alles wahrhaft wider und der lebende Spiegel vervollkommt die ungleichmäßigen Bilder. Kein aufgewühltes Bild findet darin seinen Platz, denn er stellt das wieder her, was zerbrochen war, und das, was er wieder aussendet, ist Frieden.

Doch um Frieden auszusenden, müssen wir zuerst die Überwindung erreichen – und hierin liegt das Wässrige der zweifachen Buchstaben, wie Dir gesagt worden ist, daß ein Buchstabe und ein Planet Gegenpole darstellen. Denn auf dem Pfad des Mars liegen wahrlich Krieg und Zerstörung, doch in dem Palast des Mars, der in Geburah steht, kannst Du Frieden finden."

Der Dritte Adept stellt die Schale wieder zurück und weist auf die Tarot-Karte des Hängenden hin.

Zweiter Adept: *„Hier kannst Du, Frater, eine ähnliche Symbolik sehen, ein etwas anderes Gleichnis.*

In unserem System der Entsprechungen wird der Gehängte dem Pfad 'Mem' zugeordnet und in den Lehren bezüglich des Tarot, die Du bereits erhalten hast, hast Du gelernt, daß die Bedeutung dieser Karte das Opfer ist.

[Der hebräische Buchstabe „Mem" und die Tarot-Karte „Gehängter" werden dem Pfad von Hod nach Geburah zugeordnet, den der Bittsteller vor diesem Ritual gegangen sein sollte.]

Doch es gibt andere und tiefere Bedeutungen als diese, da der 'Gehängte' – bei diesem Namen sollten wir uns erinnern, daß unser Herr 'an einem Baum hing' – auch der 'Ertrunkene Riese' ist und daß man von dieser Entsprechung sagen kann, daß sie sich auf den 'Adam Kadmon' der Kabbalisten bezieht – dies ist der ideale Mensch, der das Bild Gottes so widerspiegelt wie Dein Gesicht eben in der Schale mit Wasser gespiegelt worden ist.

Und hierin liegt ein großes Mysterium, denn in jedem von uns ist dieses Bild eingetaucht, doch sehr oft dermaßen durch die Wasser der stürmischen Leidenschaften verzerrt, daß es unkenntlich geworden ist – außer für das unterscheidende Auge des Adepten, dessen Berufung es ist, das Machtwort 'Frieden, sei still.' auszusprechen.

In dem Schöpfungs-Akt – so könnte man sagen – hat sich der Allerhöchste selber geopfert, indem er sich selber gewisse Beschränkungen auferlegt hat, wodurch er fürderhin in die Schöpfung eingebunden war – so wie das Wort während seiner Inkarnation den Begrenzungen des Menschseins angepaßt war.

Deshalb müssen wir uns auch selber als ein Heiliges Opfer darbringen, das für Gott annehmbar ist – das ist unser angemessenes Dienen.

Der 23. Pfad von 'Mem' wird die stabile Intelligenz genannt – und er wird deshalb so genannt, da er unter all den Zahlen die Tugend der Einheitlichkeit hat.“

Der Zweite Adept kehrt zu seinem Sitz zurück und der Haupt-Adept tritt vor und weist auf die Tarotkarte „Gerechtigkeit“.

Haupt-Adept: „*Der Pfad von Lamed wird, wie Du bereits erfahren hast, der Tarot-Karte 'Gerechtigkeit' zugeordnet, der von der Schönheit von Tiphareth zu der Strenge von Geburah führt und über den daher gesagt werden kann, daß er das Gleichgewicht zwischen Gefühlen und Willen darstellt. Das Bild auf der Karte stellt, wie Du sehen kannst, eine Königin, die auf ihrem Thron sitzt, dar – einer ihrer Füße ruht auf einem Fuchs und ihre Hände halten ein Schwert und eine Waage. So soll die Seele, die von dem festen Willen aufrecht gehalten wird, die Begierden des Fleisches niedertreten und durch das Licht des Geistes ihr Königreich beherrschen.*

'Gnade und Wahrheit haben sich getroffen, Rechtschaffenheit und Frieden haben einander geküßt,' und aus dieser Umarmung entspringt der vollkommene Mensch – bereit, mit gelassener Miene allem zu begegnen, was der Tag bringt: Leben oder Tod, Freude oder Sorgen.

Der 22. Pfad des Sepher Yezirah ist als 'Treue Intelligenz' bekannt und er wird so genannt, da durch ihn die spirituellen Tugenden vermehrt werden und sich beinahe alle Bewohner der Erde unter ihrem Schatten befinden.“

Der Haupt-Adept geht zum Osten des Altars.

Der Zweite Adept reicht ihm das Räuchergefäß.

Der Dritte Adept zieht die Kapuze über die Augen des Bittstellers und entzündet die 33 Kerzen.

Die Tarot-Karten werden fortgenommen.

Der Zweite Adept und der Dritte Adept nehmen ihre Plätze im Süden und im Norden des Altars ein – jeder von ihnen mit einem Kerzenlöscher.

Der Tempel befindet sich nun – abgesehen von dem Licht der Kerzen – in Dunkelheit.

Der Dritte Adept nimmt dem Bittsteller die Kapuze und den Umhang ab.

7. Hinweis

Die folgenden vier Abschnitte, die der Haupt-Adept spricht und in denen er die Symbolik des Altars und der 33 Kerzen erläutert, werden nicht als notwendiger Bestandteil des Rituals, sondern als optional betrachtet.

Haupt-Adept: *„Siehe nun das Mysterium der 33 Kerzen auf dem weißen und goldenen Altar. Der Altar hat, wie Du sehen kannst, die Form eines Rhombus, was bedeutet, daß Du Dein gesamtes Wesen der göttlichen Inspiration geweiht hast. Die fünf Lichter in der Mitte sind die fünf Sinne und ihre rote Farbe gab Dir die Leidenschaften, deren Gefäß sie in der Vergangenheit gewesen sind, während ihre erhabene Stellung ihre Reinigung durch das Opfer symbolisiert.*

Die beiden Paare der braunen Kerzen stellen die körperlichen Bereiche dar, während die beiden Vierer-Gruppen die vier Zoa und die vier Engel der Offenbarung sind, die ihre Entsprechungen in der Yezirah-Welt und in der Briah-Welt haben – ihr Grün ist das ätherische Gegenstück zur Erde.

Die Gruppe von zweimal drei symbolisiert die sechs Unterteilung von Ruach in der kabbalistischen Einteilung in die Seele, den Logos oder den Microprosopus.

Die sieben sind die sieben Chakren, die sieben Stufen zum Thron hinauf. Und schließlich sind die drei einzelnen Lichter die drei Einteilungen der Höheren Seele oder des Geistes: Neschamah, Chiah und Yeschidah.“

[8. Ritual]

[1. Anrufung]

Haupt-Adept:
„Ich bin der Große,
der Sohn des Großen;
Ich bin Feuer,
der Sohn des Feuers;
Ich habe mich selber zusammengefügt,
ich habe mich selber ganz und vollständig gemacht;
Ich habe meine Jugend erneuert:
Ich bin Osiris, der Herr der Ewigkeit.
Dreiunddreißig Zentren des Lebens sind in meinem Leib,
dreiunddreißig Jahre währte mein Leben auf Erden;
Am Ende davon ließ ich mein leibliches Leben
an dem Kreuz von Tiphareth.
Ich bin das Wort, das schweigend gesprochen wird.
Ich bin der von dem Herrn Gesalbte.
Neun Buchstaben hat mein Name. "

Zweiter Adept:
„Ehre sei Dir, o Herr des Stern-übersäten Himmels
und der Äonen des Grenzenlosen dahinter.
Du bist herrlicher als die Sonne bei ihrem Aufgang,
Du, der sein fleischliches Leben geopfert hat. "

Dritter Adept:
„O gewähre mir einen Pfad, auf dem ich in Frieden wandeln kann,
denn ich bin gerecht und treu.
Ich habe nicht wissentlich gelogen
noch habe ich irgendetwas in betrügerischer Absicht getan. "

Der Zweite Adept und der Dritte Adept verlöschen die vier braunen Kerzen.

Haupt-Adept:
„Der, der an mich glaubt, glaubt nicht an mich,
sondern an den, der mich gesandt hat.
Und der, der mich sieht,
sieht den, der mich gesandt hat.“

Zweiter Adept:
„Ehre sei Dir, o Seele der Ewigkeit;
Dir Seele, die Du in dem Ewigen Licht wohnst.
Du bist der Herr des Leben und des Todes,
denn Du bist für die Leidenschaften gestorben.“

Dritte Adept:
„O gewähre mir einen Pfad, auf dem ich in Frieden wandeln kann,
denn ich bin gerecht und treu.
Ich habe nicht wissentlich gelogen
noch habe ich irgendetwas in betrügerischer Absicht getan.“

Der Zweite Adept und der Dritte Adept verlöschen die vier roten Kerzen.

Haupt-Adept:
„Ich bin als Licht in die Welt gekommen,
    damit alle, die an mich glauben, nicht in der Finsternis verharren.

Zweiter Adept:
„Ehre sei Dir in Deinem Reich über den Himmelslichtern;
    Die Krone des Feuers umgibt Deine Brauen;
Du bist der, der die Stärke erschaffen hat, die uns beschützt,
    und Du wohnst in dem Frieden über allem,
denn Du bist für die Leiber der Sterne gestorben."

Dritter Adept:
„O gewähre mir einen Pfad, auf dem ich in Frieden wandeln kann,
    denn ich bin gerecht und treu.
Ich habe nicht wissentlich gelogen
    noch habe ich irgendetwas in betrügerischer Absicht getan."

Der Zweite Adept und der Dritte Adept verlöschen die vier grünen Kerzen.

Haupt-Adept:
„Ich bin der Wein, ihr seid die Reben.
Der, der in mir bleibt und in dem ich bleibe,
werden viele Früchte hervorbringen;
denn ohne mich könnt ihr nichts vollbringen."

Zweiter Adept:
„Ehre sei Dir, o Herr des Weingartens;
Du wehrst den Übeltäter ab
und Du bewirkst, daß die Weinrebe Frucht trägt:
denn Du hast das Blut Deiner Leidenschaften vergossen."

Dritter Adept:
„O gewähre mir einen Pfad, auf dem ich in Frieden wandeln kann,
denn ich bin gerecht und treu.
Ich habe nicht wissentlich gelogen
noch habe ich irgendetwas in betrügerischer Absicht getan."

Der Zweite Adept verlöscht die rote Kerze in der Mitte.

[5. Anrufung]

Haupt-Adept:

„Ich habe Dich auf Erden verherrlicht,
Ich habe das Werk vollbracht, das Du mir zu tun gegeben hast:
Die Herrlichkeit, die Du mir gegeben hast,
habe ich ihnen gegeben, damit sie eins sind."

Zweiter Adept:

„Ehre sei Dir, der Du am Morgen und am Abend voller Schönheit bist:
die niemals ruhenden Sterne singen Lobeshymnen an Dich;
die Sterne, die sich niemals bewegen, verherrlichen Dich,
denn Du bist für die Sünden gestorben."

Dritter Adept:

„O gewähre mir einen Pfad, auf dem ich in Frieden wandeln kann,
denn ich bin gerecht und treu.
Ich habe nicht wissentlich gelogen
noch habe ich irgendetwas in betrügerischer Absicht getan."

Der Zweite Adept und der Dritte Adept verlöschen die sieben violetten Kerzen.

Haupt-Adept:
*„Ich habe ihnen Deinen Namen verkündet
       und ich werde verkünden,
daß die Liebe, mit der Du mich geliebt hast, in ihnen ist,
       und daß ich in ihnen bin."*

Zweiter Adept:
*„Ehre sei Dir, der Du der gekrönte König der Könige bist,
       o die göttliche Substanz.
Du sendest das Wort aus und die Welt wird von Stille überflutet
       angesichts Deiner Entsagung."*

Dritter Adept:
*„O gewähre mir einen Pfad, auf dem ich in Frieden wandeln kann,
       denn ich bin gerecht und treu.
Ich habe nicht wissentlich gelogen
       noch habe ich irgendetwas in betrügerischer Absicht getan."*

Der Zweite Adept und der Dritte Adept verlöschen die sechs gelben Kerzen.

Haupt-Adept:
„Diese Dinge habe ich zu euch gesprochen, damit ihr in mir Frieden findet.
In der Welt werden ihr Mühsal haben,
doch seid frohen Mutes.
Ich habe die Welt überwunden.“

Zweiter Adept:
„Ehre sei Dir, Du Fürst des Friedens;
die Seelen des Ostens huldigen Dir,
und wenn sie Deiner Majestät begegnen,
sagen sie: 'Kommet, kommet in Frieden.'“

Dritter Adept:
„O gewähre mir einen Pfad, auf dem ich in Frieden wandeln kann,
denn ich bin gerecht und treu.
Ich habe nicht wissentlich gelogen
noch habe ich irgendetwas in betrügerischer Absicht getan.“

Der Zweite Adept verlöscht die vier grünen Kerzen.

Nun brennen nur noch drei Kerzen [eine weiße in der Mitte und je eine blaue links außen und rechts außen].

Der Haupt-Adept nimmt die weiße Kerze und wendet sich nach Osten und schwingt noch immer das Räuchergefäß – auf beiden Seiten ist nun noch eine blaue Kerze übrig geblieben.

Der Zweite Adept und der Dritte Adept räumen die übrigen [gelöschten Kerzen] fort, sodaß Raum für den Bittsteller entsteht, durch den er [zwischen den beiden noch brennenden blauen Kerzen] hindurchgehen kann.

Der Haupt-Adept führt den Weg in das Gewölbe an, stellt die Kerze auf das Podest und reicht das Räuchergefäß und den Umhang dem Dritten Adepten.

Der Haupt-Adept geht nach Süden.

Der Bittsteller steht im Westen des Sarkophages.

Der Zweite Adept steht neben dem Bittsteller, nimmt Leinen-Streifen und wickelt sie langsam um ihn, während der Haupt-Adept Sätze vorträgt – der Zweite Adept umwickelt [des Bittstellers] Stirn, Lippen, Herz, Sonnengeflecht und Hüften [symbolische Mumifizierung].

Eine Glocke erklingt sechsmal.

Haupt-Adept (für die Stirn): *„Sei nicht neugierig auf unnötige Dinge, denn Dir werden mehr Dinge gezeigt als Du verstehen kannst."*

Haupt-Adept (für die Lippen): *„Schweige, o Mensch, vor dem Herrn, denn Er ist aus seiner heiligen Wohnstätte heraus erhoben worden."*

Haupt-Adept (für das Herz): *„Wehe dem ängstlichen Herzen und den schwachen Händen und dem, der zwei Wege geht."*

Haupt-Adept (für das Sonnengeflecht): *„Je größer Du bist, desto mehr demütige Dich – dann wirst Du die Gunst des Herrn erhalten."*

Haupt-Adept (für die Hüften): *„Den Herrn zu kennen ist vollkommene Recht-schaffenheit; ja, seine Macht zu kennen, ist die Wurzel der Unsterblichkeit."*

Nun, da die Leinenstreifen angelegt worden sind, helfen der Haupt-Adept und der Zweite Adept dem Bittsteller in den Sarkophag und legen ihn nieder, den Kopf nach Norden, die Hände an den Handgelenken gekreuzt, die Handflächen nach oben, über seinem Kopf.

Sie versprenkeln Salz über ihn.

Zweiter Adept: *„So sollst Du in Frieden ruhen."*

Haupt-Adept: *„Bis der Tag anbricht und die Schatten fliehen."*

42

9. Gebet der Hingabe

Haupt-Adept:

„O Du, der Du vollkommene Seelen erschaffst, damit sie in die ewige Herrlichkeit eintreten, bewirke nun, – darum flehen wir Dich an! – daß die vervollkommnete Seele dieses Fraters nun über den Tod siegt.

Er hat Ohren – möge er mit Verstehen hören;
Er hat Augen – möge er mit Geist sehen;
Er hat ein Herz – möge er die Rechtschaffenheit lieben.
Laß in ihm, o Göttlicher Schöpfer, das Göttliche Leben schneller fließen,
zieh ihn mit Seilen, daß er Dir folgt,
binde ihn an den Altar, daß er Dir ewig dienen wird.
Amen."

Sie ziehen sich aus dem Gewölbe zurück und lassen die Tür ein kleines bißchen offenstehen.

Das Gewölbe liegt in Finsternis – abgesehen von der einen [weißen] Kerze.

Die Stunden werden geläutet und die Sätze für die 36 Stunden werden vor dem Gewölbe gelesen.

1. Stunde: *„Ich werde mich sowohl in Frieden als auch in Schlaf niederlegen, denn Du, Herr, läßt mich in Sicherheit wohnen."*

2. Stunde: *„Du wirst die in vollkommenem Frieden bewahren, deren Geist ganz auf Dich ausgerichtet ist, denn sie vertrauen Dir."*

3. Stunde: *„Er gewährt den von ihm Geliebten Schlaf."*

4. Stunde: *„Wenn Du Dich niederlegst, dann fürchte Dich nicht – ja, Du sollst Dich niederlegen und Dein Schlaf soll süß sein."*

5. Stunde: *„Auch wenn ein Mensch seine Augen bis zum Letzten verschließt, wird der Tod kommen, der Zerreißer des Schleiers."*

6. Stunde: *„Wenn Du gewußt hättest, wie man leidet, hättest Du die Macht gehabt, nicht zu leiden."*

7. Stunde: *„Der Ort der Rast, das Heim des Friedens, ist die Wahrheit in dem Kreuz selber, das feste Fundament, auf dem die ganze Schöpfung ruht."*

8. Stunde: *„Ich habe mich selber zerrissen; ich habe ihnen die Mysterien des Lichtes gebracht, um sie zu reinigen, denn sie sind die Reinigung aller Materie."*

9. Stunde: *„Gesegnet ist der Mensch, der Malkuth kreuzigt, und der nicht zuläßt, daß Malkuth ihn kreuzigt."*

10. Stunde: *„Gesegnet ist der Mensch, der die Welt kennt, denn er hat den Himmel herabgebracht und die Erde gebunden und sie himmelwärts emporgehoben – und er ist selber zur Mitte geworden."*

11. Stunde: *„Wächter, welche Nacht-Stunde ist es?"*

12. Stunde: *„Der Morgen kommt und ebenso die Nacht. Wenn Du fragen willst, dann frage."*

13. Stunde: *„Ich schlafe, aber mein Herz wacht."*

14. Stunde: *„Das Herz schläft – wer soll es wecken? Der Wind der Morgendämmerung hat die Nacht bewegt – der Tag ist nahe."*

15. Stunde: *„Der Morgen ist mein Bote; erhebe Dich und grüße Mich; die Nacht kommt ebenfalls von Mir; segne Mich und ruhe."*

16. Stunde: *„Aus den universellen Aeon wuchsen zwei Dinge, die ohne Anfang und Ende sind, die aus einer Wurzel entspringen, die die Macht der Stille ist, unsichtbar, unbegreiflich."*

17. Stunde: *„Die Geheimnisse, die hinter der Welt sind, durch die alle Dinge existieren – aus ihnen heraus sind alle Mysterien und all ihre Religionen."*

18. Stunde: *„Höre nicht auf zu suchen, Tag und Nacht, bis Du die reinigenden Mysterien gefunden hast."*

19. Stunde: *„Bevor die Augen sehen können, müssen sie unfähig werden, Tränen zu vergießen."*

20. Stunde: *„Bevor die Ohren hören können, müssen sie unfähig werden, wahrnehmen zu können."*

21. Stunde: *„Bevor die Stimme in der Gegenwart der Meister sprechen kann, muß sie ihre Macht zu verwunden, verloren haben."*

22. Stunde: *„Bevor die Füße in der Gegenwart der Meister stehen können, müssen sie in dem Blut des Herzens gebadet worden sein."*

23. Stunde: *„Eins ist die Natur unten, die dem Tod unterworfen ist; und Eins ist das Volk ohne König, das oben getragen wird."*

24. Stunde: *„Und er schrie: 'Ein Löwe!' Siehe, ich stehe beständig auf dem Wachturm zur Tageszeit und ich bin auf der Wacht die ganze Nacht."*

25. Stunde: *„Und er sprach: 'Ich bin Du und Du bist Ich und wo auch immer Du bist, bin Ich – dort bin ich, in allem bin ich ausgesät."*

26. Stunde: *„Wo auch immer Du willst, wirst Du mich versammeln – und indem Du mich versammelst, versammelst Du Dich selber."*

27. Stunde: *„Ich werde Dir im Licht des Kreuzes gnädig sein."*

28. Stunde: *„Frohlockend komme ich zu Dir, Du Kreuz – der Lebens-Spender, Du Kreuz, das ich als mein eigenes erkenne; Ich kenne Deine Mysterien, denn Du hast mich in die Welt gepflanzt, um die wankende Dinge fest zu machen."*

29. Stunde: *„Bis der Tag anbricht und die Schatten fliehen, werde ich zu dem Berg der Myrrhe und zu dem Hügel des Weihrauchs gehen."*

30. Stunde: *„Die Menschen, die in der Dunkelheit gewandert sind, haben ein gro-ßes Licht gesehen; die, die in dem Land des Schattens des Todes wohnen – auf sie hat das Licht geleuchtet."*

31. Stunde: *„Denn auf diesem Berg wird die Hand des Herrn ruhen."*

32. Stunde: *„Er wird in seinem Sieg den Tod verschlingen und der Herr wird die Tränen von allen Gesichtern wischen."*

33. Stunde: *„Wer ist dies, die sie anführt, anderes als sie, die in Finsternis und Schweigen wohnt? Wessen Ankunft ist wie die Schönheit der Geliebten, die wie die Sonne aus den Wolken hervorbricht?"*

34. Stunde: *„Pilger des Tages, gehe hinaus und treffe in allen Gesichtern den Auferstandenen. Wenn er erwacht, wird er Dich begrüßen und Dein Anteil wird zweifach sein; wenn er schläft, grüße ihn schweigend; wecke ihn nicht auf. Er kennt seine Stunde und Gott ist über allem!"*

35. Stunde: *„Die Toten sollen leben; gemeinsam mit meinem toten Leib werden sie sich erheben. Erwachet und singet, ihr, die ihr im Staub wohnt, denn euer Tau ist wie der Tau von Kräutern."*

36. Stunde: *„Verweilt nicht länger in Schweigen, jubelt laut für die Schönheit der göttlichen Mutter, denn in ihr ist Frieden!"*

Pause.

Shekinah erscheint von hinter dem Schleier im Nordosten mit der Alabaster-Lampe und dem Akazien-Zweig. Sie beugt sich über den Bittsteller und küßt ihn auf die Stirn und spricht:

Shekinah: *„Erhebe dich, strahle, denn Dein Licht ist gekommen und die Herrlichkeit des Herrn ruht auf Dir!"*

Der Dritte Adept schaltet die Lichter an.

Shekinah legt den Akazien-Zweig auf die Brust des Bittstellers. Dann salbt sie seine Füße, Sonnengeflecht, Lippen, Stirne und Handflächen und spricht dabei:

Shekinah (Füße): *„Der Baum des Lebens ist Dein – erhebe Dich und wandle!"*

Shekinah (Sonnengeflecht): *„Der Baum des Menschen ist Dein – empfange und gebe!"*

Shekinah (Lippen): *„Das Leben der Welt ist Dein – sprich und liebe!"*

Shekinah (Stirn): *„Das Leben der Welt ist Dein – empfange den Geist!"*

Shekinah (Handflächen): *„Das Leben der Sterne ist Dein – sei von Freude erfüllt!"*

Pause.

Dann nimmt Shekinah den Akazien-Zweig wieder fort, geht zu dem Fußende des Sarkophages und spricht:

Shekinah:
*„Der Ort der Verborgenheit ist geöffnet worden,
Dein Ort des Versteckens ist sichtbar geworden.
Siehe, Deine Seele hat in der Finsternis gewohnt;
laß sie nun ins Licht zurückkehren.
Dein Geist hat sich zu den Sternen,
die niemals schwächer werden, zurückgezogen;
kehre nun zurück, um Deiner Seele Kraft zu bringen.
Deine Stirn ist wie die eines Königs,
Deine Lippen sind geöffnet, Dein Herz ist auf seinem Thron.
Du hast Wissen,
ja, und Deinen Händen und Füßen ist Bewegung zurückgegeben worden.
Dein Vater lebt in Dir,
o Sohn des Allerhöchsten!
Du bist der Sohn des Großen
und Du hast die verborgenen Dinge gesehen.
Du wirst nicht noch ein zweitesmal sterben,
denn Du hast Meisterschaft erlangt.
Erhebe Dich nun und komme hervor,
damit Du in der Kraft der Stille die Menschheit erlöst!*

Ich sende Dich aus, scheitere nicht, und verzage nicht,
sondern erinnere Dich an das, was Du erhalten hast. "

Das Licht in der Grotte wird eingeschaltet.
Shekinah zieht sich zurück.
Der Haupt-Adept und der Zweite Adept betreten das Gewölbe.
Der Haupt-Adept geht zum Osten, der Zweite Adept steht im Westen.
 Sie beugen sich vor und ergreifen die Hände des Bittstellers, platzieren ihre freien Hände hinter seinen Schultern und helfen ihm aus dem Sarkophag heraus.
Der Zweite Adept entfernt die Stoffstreifen von dem Bittsteller, während der Haupt-Adept spricht:

Haupt-Adept:
„ Heil, Heil Dir, der Du gestorben bist;
erhebe Dich ...
Du hast Deine Knochen umarmt,
Du hast Dein Fleisch und Dein Blut zusammengesammelt,
Elohim Gibor hat Dich bewacht;
Elohim Gibor hat Deine Hände gestärkt;
ja, er hat Deine Füße geleitet;
Deine Lippen sind offen;
Du hast Dein Haupt erhalten;
Du hast Deine Seele erhalten
und Dein Geist ist von den Sternen,
die nie schwächer werden, zu Dir zurückgekehrt. "

 Sie leiten den Bittsteller aus dem Gewölbe hinaus, sodaß er gerade außerhalb des Tores steht; der Haupt-Adept im Süden, der Zweite Adept im Norden.

Shekinah kommt zu dem Tor hinter ihm. Von ihren erhobenen Händen tröpfelt Wasser auf sein Haupt.

Zweiter Adept:
„ Glücklich ist, wer den Ort der Ruhe geschaut hat;
die Wasser werden ihn nicht überwältigen.
(Doulos Siges) Parapedemes de Vallis,
Diener der Stille soll Dein Name sein. "

Haupt-Adept: *„ Ich bin der Herr derer, die sich erhoben haben, die aus der Finsternis hervorkamen. "*

Bittsteller (spricht, so wie ihn der Zweite Adept anweist):
„ Ich bin hereingekommen wie jemand, der nichts weiß.

Ich bin durch das schöne Gesetz als der Herr des Lebens herausgekommen. "

Haupt-Adept und Zweiter Adept wenden sich dem Bittsteller zu und blicken ihn an.
Der Zweite Adept macht zwei Zeichen.

Zweiter Adept:
„Siehe, Du wirst Deine Blicke von dem Bösen fortwenden –
so wie selbst Nephthys ihr Antlitz von dem Zerstörer des Osiris fortgewandt hat;
und so wirst Du Deine Seele von der Versuchung fortwenden –
so wie selbst Isis sich von der Finsternis fortwandte. "

Haupt-Adept (zeigt den Griff):
„Hierin spiegeln sich die fünf Kräfte, die Dir verliehen worden sind.
Es ist das Zeichen des Mächtigen – möge er gesegnet sein! –
ja, es ist das Zeichen von Elohim Gibor selber, dem Herrn der Stärke.
Zwanzig ist die Zahl seines Namens. "

   Sie wenden sich dem Bittsteller zu, blicken nach Osten und knien alle an dem Tor
zu dem Gewölbe nieder.
   Shekinah steht in dem Tor und hält Butter, Honig und Milch.
   Während sie die Butter und den Honig anbietet, machen sie das Zeichen der Nephthys; während sie die Milch anbietet, machen die Adepten das Zeichen der Isis.

Shekinah:
„Ihr sollt alle Butter und Honig essen
daß ihr wißt, wie ihr dem Bösen widersteht und das Gute wählt.
Verlangt nach der ernsten Milch des Wortes,
daß ihr durch sie wachst. "

Sie verharren kniend in Schweigen.
Shekinah zieht sich nach Westen hin zurück.

Lange Pause.

Das Licht in dem Gewölbe wird verlöscht.
Das Licht verlöscht.

Der Haupt-Adept erhebt sich und verschließt das Tor zu dem Gewölbe.

Haupt-Adept:
„Im Namen Elohim Gibors,
ziehet in Frieden,
denn Shekinah hat sich zurückgezogen. "

Er blickt nach Westen und ruft aus:
„Shekinah, Du Königin des Ostens,
vergiß nicht Deine Söhne!
Tabanu, Taboona,
wohne in unseren Seelen!
Königin des Landes der Abenddämmerung, Bath Qol,
sprich zu unserem Geist, daß wir mit Deinem Segen gehen!
O Du schöne Tochter des Lichts!"

Nach einer langen Pause, beugt sich der Haupt-Adept nieder und erhebt schweigend den Bittsteller, woraufhin dieser von dem Zweiten Adepten nach draußen geleitet wird.

III Das Ritual
der Societas Rosicruciana in Scotia

A Anmerkungen

Dieses „Adeptus Major"-Ritual ist die Version, die heute in der 1867 gegründeten „Societas Rusicruciana in Scotia" verwendet wird. Dieses Ritual ist in der erste Hälfte des 20. Jahrhunderts verfaßt worden – das genauere Datum ist nicht bekannt.

Dieses Ritual ist weit weniger auf eigene Erlebnisse hin ausgerichtet als das vorige Ritual, das vom Golden Dawn stammt. Mit Magie hat das folgende Ritual nur noch sehr begrenzt etwas zu tun – es ist eher eine formale Aufnahme-Zeremonie in einen inneren Kreis von Gelehrten.

Die Einschübe in [eckigen Klammern] sind wieder Kommentare von mir.

Die Teilnehmer an diesem Ritual sind:

- der Weihe-Adept
- der Begleit-Adept
- der Vorlese-Adept
- der Kandidat

B Das Ritual

1. Die Aufnahme-Zeremonie

Zwischen der Minor-Aufnahme und der Major-Aufnahme sollte ein Jahr vergangen sein, doch der Allerehrwürdigste Höchste Magus bzw. der Haupt-Adept eines Bezirks kann diese Zeitspanne verkürzen.

Der Kandidat, der das Abzeichen der Rosenkreuzer-Gemeinschaft und das Band des fünften Grades trägt, klopft als Adeptus Minor fünfmal und einmal; seine Augen sind nicht [mit einem Tuch] verbunden.

Weihe-Adept: *„Sehr ehrwürdige Brüder, ich eröffne diese Versammlung der Adepten, indem ich fünfmal und zweimal klopfe: ***** **.“*

Der Begleit-Adept läßt den Kandidaten am Portal ein und steht neben ihm im Westen.

Weihe-Adept: *„Bist Du ein Adept?“*

Der Begleit-Adept antwortet für den Kandidaten: *„Ich habe das kleinere Licht gesehen, das in der Finsternis leuchtet und ich habe die Grenze überschritten, die das nicht zum Orden gehörende Volk der Menschen ausschließt.“*

Weihe-Adept: *„Mit welchem Wort bittest Du um Einlaß?“*

Der Begleit-Adept antwortet für den Kandidaten: *„Mit dem geheimnisvollen Wort 'Thanatos', dessen Bedeutung nur einem wahren Adeptus Minor bekannt ist.“*

Weihe-Adept: *„Frater Begleit-Adept, reiche dem Kandidaten Deine Hand und laßt sich die Tugend zweier Herzen und zweier Seelen vereinen und laßt euch durch die Freundschaft eins werden.*
Ehrenwerter Bruder, da Du des festen Bundes bewußt bist, das zwischen Dir und diesen Adepten des Zweiten Ordens der Rosenkreuzer-Vereinigung existiert, und da Du nun freiwillig erschienen bist, um diesen heiligen Bund zu erneuern, laß mich Dir nun sagen, daß Dich jeder Schritt, den Du gehst, und jedes Wort, das Du sprichst, noch enger an die Bruderschaft binden wird. Bedenke dies bevor Du unwiderrufliche Verbindungen eingehst. Sprich keine Worte aus, die für jeden wahren Adepten mit tiefen und mystischen Bedeutungen erfüllt sind, wenn Du nicht entschlossen bist, Dich an die Prinzipien zu halten, die sie lehren.
Ich werde nun die Worte des Bundes vortragen, den Du bei Deiner Aufnahme als Adeptus Minor eingegangen bist, und Du mußt ihm wieder zustimmen, wenn Du bei

vollem Bewußtsein zustimmen kannst, ihn im Geist und in der Wahrheit einzuhalten."

Der Weihe-Adept trägt die Wortes des Bundes vor und der Kandidat wiederholt sie und macht so seine erneute Zustimmung deutlich; dabei hält er das Heilige Buch wie zuvor und kniet zwischen dem Vorlese-Adepten und dem Begleit-Adepten.

„Ich schwöre feierlich in der Gegenwart des Lebenden Gottes, der den Tod und die Schrecken des Grabes überwunden hat,

> *- daß ich immer den weisen und gerechten Anweisungen des Obersten Magus oder des Haupt-Adepten folgen werde;*
> *- daß ich keiner lebenden Seele außer einem rechtmäßig eingeweihten Adepten die Zeit, den Ort und die Umstände meiner Ordens-Aufnahme mitteilen werde;*
> *- daß ich die Geheimnisse der drei Welten – der elementaren, der intellektuellen und der himmlischen – studieren werde;*
> *- und daß ich mich schließlich selber durch ein besonderes Band mit den Mitgliedern dieses Grades verbunden fühlen werde, sie respektieren und lieben werde, während sie leben, und sie betrauern werde, wenn sie sterben.*

Möge mir der Herr und Gebieter des Lebens und des Todes helfen und mich in Treue zu diesem Bund bewahren!"

Vorlese-Adept: *„Du wirst nun zweimal dieses Buch küssen."*

Der Kandidat tut dies.

Weihe-Adept: *„Nachdem Du nun die Worte des Bundes wiederholt hast, kannst Du Dich nun erheben."*

Der Vorlese-Adept legt seinen rechten Zeigefinger auf die Lippen des Kandidaten und spricht: *„Du bist ein Ehren-Mann und ein Rosenkreuzer-Adept – so sei schweigsam, vorsichtig und weise."*

Das Heilige Buch wird wieder auf den Sarkophag gelegt.

Weihe-Adept: *„Ehrenwerter Bruder, die okkulten Wissenschaften eröffnen dem Menschen die Mysterien seines Wesens, die Geheimnisse seiner Gliederung und die Mittel, durch die er Vollkommenheit und Glück erreichen kann.*

Aus dem Chaos erhob sich die Ordnung und aus der Finsternis das Licht – und in derselben Weise aus dem Staub und der Asche unserer leiblichen Gestalt die reine und strahlende Essenz der Unsterblichkeit.

Kein Sturm kann ihn erschüttern, keine Wolke kann ihn verdunklen – den Geist des unabhängigen und tugendhaften Menschen.

Wie finster auch immer die Nacht sein mag, wird sein gelassenes und niemals beunruhigtes Herz weiterhin in Treue und Liebe schlagen, werden seine Augen das nahende Leuchten erblicken, und wenn andere in düsterem Schrecken versinken, wird das Vorhersehen seiner ruhmreichen Zukunft das Kind der Hoffnung tragen.

Für Dich naht diese Dämmerung, Dir ist diese spirituelle Freiheit versprochen worden, doch Du mußt Deine Seele durch eine feierliche Sühne reinigen; Du muß Deinen Geist von der irdischen Schlacke des nur-Menschlichen säubern; und Du mußt ernsthaft danach streben, an diesen unsterblichen Freuden teilzunehmen, die gleichermaßen in der Vergangenheit, der Gegenwart und der Zukunft zu finden sind.

Laß mich Dir, um Deinen Fortschritt auszurichten, den Wert und die Wichtigkeit unserer Symbole deutlich machen. Vertiefe Dich in ihre mystische Bedeutung und lasse Deine Taten von den Regeln leiten, die Dir darin offenbart werden. Unsere Zeremonien mögen Dir seltsam und unverständlich erscheinen, doch wenn sie vollkommen verstanden worden sind, sind sie von Lebendigkeit und Schönheit erfüllt. Wir benutzen diese Symbole, denn Wissen, das auf diese Weise übermittelt wird, verbleibt länger in unserer Erinnerung als bloße Aussprüche, die bald wieder verblassen."

Der Begleit-Adept führt den Adepten zum Osten und stellt ihn vor den Weihe-Adepten.

Weihe-Adept: „Die Worte des Adeptus Major sind 'Memento Mori' – doch nicht wie in dem verdunkelten Geist von jemandem, der einem Schicksal entgegengeht, das er fürchtet, sondern wie im Geist eines Pilgers, dessen Licht-Erbe in der Ferne hinter diesen düsteren und finsteren Ebenen leuchtet.

Für den Weisen gibt es keinen Tod. Die Menschen haben ein Phantom erschaffen, das lediglich das Unwissen schrecklich erscheinen läßt. Tod ist Wandel und die Veränderlichkeit ist ein Naturgesetz. Daher betrachten wir diesen unausweichlichen Wandel mit ernstem und hoffnungsvollem Glauben und betrachten dieses sterbliche Leben nur als den Vorraum zu dem Tempel der Unsterblichkeit. Halte deshalb durch, mein Bruder, in dem Studium der wahren Philosophie – dann wirst Du beizeiten einen überaus großen Lohn erhalten.

Die Zeit Deiner Aufnahme ist nun symbolisch 6 Uhr am Morgen oder die Morgendämmerung und bei geregeltem Fortschritt hoffen wir, daß Du das Licht und den Glanz des Mittags erreichen wirst, an dem die Sonne mit all ihrer Kraft erstrahlt und sich die Erde ihrer Strahlen erfreut.

Das Zeichen und der Griff sind die des Adeptus Minor. Das Klopfen, durch das Du bei anderen Gelegenheiten Einlaß erhältst, sind fünfmal und zweimal. Die Fünf ist das Zeichen des Ranges des Adepten und die Zwei ist das Zeichen, daß der zweite Adepten-Grad, der Grad des Adeptus Major erlangt worden ist."

Der Vorlese-Adept sollte nun eine Lektion über die Ziele und Pflichten eines Adeptus Major vortragen.

2. Lektion

Vorlese-Adept: „*Rechtmäßiger, ehrenwerter Magister, Brüder Adepten und Frater XX.*

Nachdem Du nun ordnungsgemäß in den sechsten Grad der Rosenkreuzer-Gemeinschaft aufgenommen worden bist, der der zweite Grad der Standes der Adepten des zweiten Ordens ist, laß mich Dir zu dem Fortschritt gratulieren, den Du gemacht hast und ebenfalls zu der Aufnahme in den Kreis der Adepti Majores, die in dieser Gemeinschaft versammelt sind.

Die besonderen Pflichten und altehrwürdigen Brüder in diesem Grad waren das Lehren und Leiten der Practici in der Gemeinschaft, die Durchführung von Experimenten in der Wissensschaft der Physik und in der Erforschung der Zusammenhänge, die zwischen Mineralien, Metallen und ihrer Verbindungen bestehen.

Zusätzlich zu diesen Pflichten wurde ein Adeptus Major angewiesen, einen großen Teil seiner Aufmerksamkeit der Betrachtung ernsthafter Dinge zu widmen, und ihm wurden die größten Mächte gelehrt, die durch geistige Konzentration erlangt werden können – das 'Yoga' der Hindhu-Philosophie.

Jeder Adept sollte ernsthaft sich selber studieren und die mentalen und moralischen Fehler, die er hat, beobachten, und er sollte danach streben, die Fähigkeiten in sich zu fördern und zu verstärken, bei denen er einen Mangel an Entwicklung findet, damit er jeden Tag fähiger wird, gegen die Welt, das Fleisch und den Teufel zu kämpfen und besser darauf vorbereitet zu sein, sich bei seinem Tod niederzulegen, wenn der Große König ihm befiehlt, seine Arbeit in dieser Welt niederzulegen. Das Leben eines Adepten, das auf gute Weise in Gedanken, Worten und Taten verbracht worden ist, sollte eine passende Vorbereitung für eine gelassene Ruhe sein.

Die Geheimen Worte 'Memento Mori' dieses Grades sind dafür gedacht, ein Zügel für Deine Zunge, ein Wächter für Deinen Geist und ein Lehrer für Deine Leidenschaften zu sein.

Diese Geheimen Worte sollten den Prüfstein Deiner Selbstgespräche bilden und ebenso sollten sie die Leiter sein, mit deren Hilfe Deine Gedanken von Deinen Pflichten als Mensch zu Deinen Vorrechten als spirituelles Ego aufsteigen können. Es könnte gut sein, daß Du beim Ablegen Deines materiellen Leibes in einer andere Sphäre eine umfassendere Wahrnehmung erlangst und daß Du das Gespräch mit anderen Wesen erlangst, ohne dafür die Sprache und die Organe des Hörens und des Sehens zu brauchen. Das Ego, das in das zarte Gewand des Äthers gehüllt ist, könnte das langersehnte Hellhören und Hellsehen erlangen, nach dem die Mystiker so ernsthaft durch die Kasteiung des Fleisches und die Sehnsucht nach dem Göttlichen gestrebt haben.

Da es unsere Pflicht ist, uns an den Tod zu erinnern, der früher oder später zu uns kommen wird und der zu jedem von uns vielleicht schon heute kommt, ist es angemessen, daß sich meine Rede auf den Großen Wandel bezieht.

Der Tod ist das Ende des Lebens und ein gut verbrachtes Leben endet in dem friedlichen und glücklichen Tod, den die Griechen 'Euthanasia' genannt haben.

Mit dem 'ich', dem 'du' oder dem 'er' meinen wir den Denker in dem materiellen Leib. Der Tod ist das Abtrennen des Denkers, den die Philosophen 'Ego' genannt haben, von dem Leib, von seinem Gewand, das vom Alter befleckt worden ist, vom Gebrauch oder vom Mißbrauch.

Selbsterhaltung – so sagt man – ist das oberste Gesetz der Natur und es scheint wahr zu sein, wenn man sagt, daß ein natürlicher Tod nur dann eintritt, wenn er physisch nicht länger vermeidbar ist; er tritt nicht ein, solange der Leib vollkommen genug dafür ist, daß er das Heim der Lebenskraft bilden und die Essenz des Lebens enthalten kann.

Der christliche Glaube lehrt, daß unsere Leben Zeiten der Prüfung sind, und daß dann, wenn das Leben beendet ist, unser Leib zur Erde zurückkehrt und die Seele zu Gott, der sie gegeben hat. Entsprechend der Römisch-Katholischen Kirche geht die Seele beim Tod zu einem Ort der Reinigung, denn alle Seelen haben gesündigt und brauchen ein gewisses Maß an Bestrafung – und dann gehen sie weiter zu einem Letzten Gericht, wo ihnen entweder ewige Glückseligkeit oder ewiges Leiden zugewiesen wird.

Die Reformierte oder Protestantische Kirche lehrt ebenfalls das Kommen des Großen Tages des Jenseitsgerichts, aber beschreibt nicht genauer die Umstände oder den Ort und die Behausung der Seelen nach dem Tod und vor dem Letzten Gericht.

Fast alle alten Völker hatten die Vorstellung von aufeinanderfolgenden Leben und hatten nicht die Ansicht, daß für jeden neuen Menschen eine neue Seele erschaffen wird. Viele alte Religionen lehren, daß die Reinkarnation universell war und daß ein jedes Leben das Ergebnis der Taten und Erlebnisse eines vorhergehenden Lebens war – wobei sie zugestanden, daß eine große Bösartigkeit zu dem vollständigen Verlust der Seele führen kann, und daß diese feine Reinheit, wenn sie erlangt wird, dazu führt, daß sich die Seele wieder in das Göttliche auflöst, aus dem alle Seelen entsprungen sind.

Die alten Hebräer hatten nicht das Ideal eines unendlichen Lebens in der Freude der Bestrafung; die mittelalterlichen Rabbis lehrten, daß die Seelen durch viele Existenzen wandern; dies lehrten ebenso die ägyptischen Mysterien, die olympische Religion der Griechen, der römische Kult und die großen Religionen Indiens – Brahmanismus und Buddhismus.

Es gibt nur sehr wenige Spuren in der lateinischen Literatur, die darauf hinweisen, daß die Römer den Tod gefürchtet hätten – nicht mehr als bei den Türken, den Chinesen und den Japanern unserer heutigen Zeit. Die Römer milderten die Vorstellung des Todes dadurch ab, daß sie nicht 'mortuus est', sondern 'vixit' sagten, also 'er lebte' oder 'fuit', d.h. 'er war'. Den plötzlichen Tod schrieben sie dem Apollo zu, dem Sonnengott, der die Lebenskraft entzog, die er einer Frau gegeben hatte, die sie als Diana oder als Mondgöttin bezeichneten – sie wurde mehr mit dem weiblichen Wesen assoziiert.

Es gibt noch eine Vorstellung, an die viele glauben und die von den frühesten Zeiten her auf uns gekommen ist, daß der Mensch zu dem Zeitpunkt seines Todes eine innere Vision oder eine Rückschau seines vergangen Lebens hat. Das ist ein schrecklicher Gedanke. Laßt uns daher alle so leben, daß dieses Gespenst unseres Lebens uns nur wenig beunruhigen kann.

Das Bewußtsein des Lebens, das gut verbracht worden ist, ist in sich selbst eine Krone der Belohnung. Das letzte Ende eines Menschen, der seine Tage in selbstsüchtiger Freude oder in tödlicher Sünde verbracht hat, muß wirklich von dem Gespenst seiner verkommenen Freuden und giftigen Feste verfolgt werden!

Laßt uns jeden Muskel anspannen, um das göttliche Gesetz zu befolgen und unseren Nächsten wie uns selbst zu lieben – solche Vorschriften haben eine universelle Geltung. Es gibt keinerlei Gesetz gegen diese Vorschrift. Der Leib, in dem wir leben, sollte geachtet und so gesund wie möglich erhalten werden; wir sind hierher gesandt worden, um unser Leben zu leben und nicht um es zu zerstören. Im Leben können wir nur durch Erfahrung lernen und so auf dem bergauf führenden Pfad der Vervollkommnung voranschreiten.

Im Grab gibt es keinen Fortschritt mehr, arbeite daher während es noch Tag ist. So wie wir sähen, werden wir ernten – und die Nacht wird kommen, in der kein Mensch mehr arbeiten kann.

Wie vorzüglich ist es, ein langes Leben auf gute Weise zu verbringen, eine lange und mühsame Lebensreise zu vollbringen und dann im Tod so in Schlaf zu fallen wie man vor Erschöpfung in Schlaf fällt! Für die Alten ist die letzte Szene oft kurz und die Tat des Todes fast nicht zu erkennen. Zu dieser Zeit ist die lebhafte Erinnerung an ein gut verbrachtes Leben voller wohltätigen Selbstopfern und eifrigem Streben danach, die rechten Dinge zu tun, das, was in der Euthanasia enden muß.

Laßt uns daher danach streben, so zu leben, daß wir nicht den Tod fürchten müssen, und solche Lehren wie diese in Ehren halten, daß das Bekennen, daß man sich vor dem Tod fürchtet, bedeutet, daß man sein Leben auf üble Weise verbracht hat.

Rechtmäßiger, ehrenwerter Magister, meine Tat ist vollbracht und nichts bleibt übrig als die Hoffnung auszudrücken, daß in angemessener Zeit unser allerwertester Bruder den Grad des Adeptus Exemptus erlangen wird."

3. Schluß

Weihe-Adept: *„Brüder, da unsere Pflichten erfüllt sind, schließe ich nun das Gewölbe der Adepten mit fünfmaligem und zweimaligem Klopfen.“*

Der Vorlese-Adept und der Begleit-Adept wiederholen das Klopfen: ***** **.

Der Weihe-Adept rezitiert die Benediktion: *„Benedictus Dominus Deus noster per secula seculorum. Amen.“*

IV   Ein neues Ritual

Es stellt sich hier unter anderem die Frage, ob das „Adeptus Major"-Ritual des Golden Dawn das effektivste und daher auch das sinnvollste Ritual ist, um den „Adeptus Major"-Status, d.h. die Ebene von Geburah zu erreichen.

Daher folgt hier ergänzend zu dem Ritual des Golden Dawn der Versuch, ein „Adeptus Major"-Ritual neu zu entwerfen. Das bedeutet natürlich nicht, daß dieses Ritual besser als das des Golden Dawn ist, sondern es zeigt vor allem meine eigenen Erfahrungen und Erkenntnisse bezüglich Geburah, die – wie ich hoffe – auch für andere nützlich oder zumindestens inspirierend sein könnten.

Dieser Versuch der Schaffung eines neuen „Adeptus Major"-Rituals ist in mehrere Schritte gegliedert, in denen versucht wird, die folgenden Dinge zu erfassen:

1. die Essenz eines solchen Rituals,

2. die Möglichkeiten, diese Essenz zu einem Ritual auszugestalten, und

3. die Methoden, diese Essenz durch das Ritual auch in dem Einzuweihenden wachzurufen.

A Die Motivation

In den Schriften des Golden Dawn reichen die Einweihungsrituale bis nach Tiphareth zu dem „Adeptus Minor"-Ritual. Diese Rituale habe ich im Alter von 24-26 Jahren in größeren Abständen durchgeführt, wobei ich alle Rollen gleichzeitig übernommen habe – ähnlich wie man dies bei einer Solo-Familienaufstellung macht.

Ich hatte schon damals vor, ein „Adeptus Major"-Ritual für die Sephirah Geburah zu schreiben, aber nun sind seit damals schon 40 Jahre vergangen und ich habe nie damit begonnen – der Mars, der der Planet ist, der dieses Ritual prägt, ist immer der „Problem-Planet" in meinem Horoskop gewesen … er hat ein Quincunx zum Pluto und eins zum Neptun, wodurch er gewissermaßen immer ein wenig im Abseits gestanden hat.

Mittlerweile sehe ich aber, daß mir ein solches Ritual dabei helfen könnte, meinen Mars wirklich zu integrieren. Ich könnte natürlich auch einfach ein Mars-Ritual durchführen, aber ich vermute, daß ein „Adeptus Major"-Ritual eine größere Wirkung haben wird.

Bei der Durchführung der Einweihungs-Rituale des Golden Dawn habe ich die englischen Texten von Israel Regardie verwendet, da es damals noch nicht die deutsche Übersetzung gab, die mein Freund Jörg Wichmann für den Bauer-Verlag angefertigt hat. Auch wenn ich die englische Sprache sehr schätze, werde ich das „Adeptus Major"-Ritual in diesem Buch trotzdem in deutscher Sprache verfassen.

Ich habe den Stil aus den Ritualen des Golden Dawn teilweise übernommen, aber mich vor allem darauf konzentriert, ein wirkungsvolles Ritual zu erschaffen.

Dies ist natürlich nicht „das eine, einzig richtige Adeptus Major Ritual", sondern nur „mein Adeptus Major Ritual", aber ich hoffe, daß es auch für andere Menschen hilfreich sein kann – sonst würde ich es nicht veröffentlichen.

Ich habe eigentlich schon vor vielen Jahren aufgehört, lange und komplexe Rituale zu benutzen, aber es scheint mir sinnvoll zu sein, in diesem Fall doch wieder zu dieser Form der Magie zurückzukehren.

Ich werde dabei den Aufbau und die Texte der beiden bereits angeführten „Adpetus Major"-Rituale, die allgemein zugänglich sind, nur als Inspirationen benutzen, aber im Wesentlichen mein eigenes Ritual erschaffen.

B   Vorbereitungen

Die in diesem abschnitt angeführten Vorbereitungen dienen letztlich alle der Steigerung der Effektivität des geplanten „Adeptus Major"-Rituals.

1.   Klärung der Motivation

Es ist stets förderlich zu schauen, warum man eigentlich ein Ritual durchführt.

Als nächstes ist es dann sinnvoll zu schauen, was die effektivste Methode ist, um das ausgewählte Ziel zu erreichen:
- Ist das Ritual dabei wirklich eine Hilfe?
- Ist es der erste Schritt oder erst der zweite oder der dritte?
- Ist das Ritual vielleicht sogar nur ein Ausweichen vor einem Schritt im Alltag, vor dem man sich drückt?

- Wie klar ist das Ziel, das man erreichen will?
- Geht es wirklich um dieses Ziel oder steht da noch ein anderes Ziel dahinter?
- Ist das wirklich das größtmögliche Ziel, das man anstreben würde, wenn man wirklich hemmungslos zu wünschen beginnt?

Für diese Betrachtungen sollte man sich genügend Zeit nehmen, da die Motivation die Richtung bestimmt, in die man geht, und folglich auch das Ziel, das man schließlich erreichen wird. Und dieses Ziel sollte das sein, was man wirklich will – und nicht ein Ersatz für das, was man wirklich will.

Auch diese Haltung ist ein Aspekt des Planeten Mars und folglich auch ein Aspekt der Haltung eines Adeptus Major.

Wenn man feststellen sollte, daß man eigentlich gar keine klare Motivation hat, um ein „Adeptus Major"-Ritual durchzuführen, sollte man sich fragen, was man denn eigentlich will.

Reine Neugierde ist jedoch durchaus auch eine ausreichende Motivation – mit ihr beginnt der Kontakt zur Welt ...

2. Betrachtung des Ziels

Naheliegenderweise wird man auch die Qualität des ausgewählten Ziels eingehend betrachten, es auf verschiedene Weisen untersuchen und prüfen und sich den Geschmack des angestrebten Zieles auf der Zunge zergehen lassen.

Auch dafür sollte man sich genügend Zeit nehmen, da dies zum einen die Motivation klärt und zum anderen die klare Ausrichtung fördert, sodaß man schließlich die Einsgerichtetheit auf das ausgewählte Ziel erreicht, die dann die Magie von selber in Gang setzt.

Es ist förderlich, eine Traumreise nach Tiphareth, Geburah und Chesed zu unternehmen, um einen Überblick über diesen Bereich zu erhalten. Das fördert die Klarheit darüber, was Geburah ist, was dort geschieht und wie das mit den beiden anderen Sephiroth dieses Bereiches (Tiphareth und Chesed) zusammenhängt.

Die häufige Kontemplation von Geburah fördert die Tiefe des eigenen Verständnisses dieser Qualität.

Es ist auch empfehlenswert, mehrere Traumreisen zu dem astrologischen Planeten Mars, zu den beiden nah verwandten Kriegsgöttern Mars und Ares (indogermanisch: „Mares"), zu der Sephirah Geburah und zu Samael, dem Erzengel dieser Sephirah, zu unternehmen.

Auf diese Weise wird das Ziel immer lebendiger werden und man wird ihm bereits näher kommen – einfach, weil man mit dem angestrebten Ziel immer vertrauter wird und seine Strukturen und Dynamiken kennenlernt.

3. Die Betrachtung der Hindernisse

Wenn man sich in Geburah bereits vollkommen zuhause fühlen würde, würde man vermutlich kein „Adeptus Major"-Ritual mehr durchführen wollen. Da man dies jedoch zumindestens in Erwägung zieht (sonst würde man wahrscheinlich nicht dieses Buch lesen), ist es sinnvoll, sich anzusehen, warum man noch nicht in Geburah Fuß gefaßt hat.

Ganz generell ist es daher hilfreich, nach den eigenen Schwachpunkten in Bezug auf den Mars zu suchen und daher auch in Bezug auf auf Geburah, auf den Adeptus Major, auf die Kraft, den Kampf, den Krieg, die Aggression, die Sexualität, das Lachen, das Weinen, den Sport, das Zittern, die Krämpfe, die Wut, den Jähzorn, die Verbissenheit, die Angst, die Angst vor der Angst usw.

Generell ist sinnvoll zu schauen, welche dieser Punkte wie wichtig sind, und auch, welche Punkte aus welchen anderen Punkten entstanden sind (z.B. Aggression aus Angst) und was die Wurzel des Ganzen ist.

Wahrscheinlich wird man schon einiges über dieses innere Geflecht aus den verschiedensten Gefühlen und Strukturen wissen, da man sonst vermutlich nicht auf den Gedanken gekommen wäre, daß möglicherweise das Durchführen eines „Adeptus Major"-Ritual in der derzeitigen eigenen Situation förderlich sein könnte.

Wenn man die Arbeit auf sich nehmen will, kann es sehr hilfreich sein, wenn man erforscht, auf welche Weise das zentrale Thema, um das es hier geht, in der eigenen Sippe entstanden ist.

Dafür nimmt man sich am besten ein sehr großes Stück Papier – z.B. die Rückseite von 1,5m Tapete. Dann schreibt man in die Mitte den eigenen Namen, dann den Namen des Lebenspartners, die Namen der früheren Beziehungspartner, der Kinder, Enkel, Eltern, Großeltern, Tanten, Onkel, Freunde, Freundinnen usw. Es müssen nicht möglichst viele Namen sein, sondern die Namen der Verwandten, Freunde und Liebschaften, über die man auch etwas weiß.

Dann trägt man den Beruf der Betreffenden ein, die Art ihres Todes, Besonderheiten aus ihrem Leben, Krankheiten, Reichtum oder Armut, die Art der Beziehungen, Kinderlosigkeit, Seitensprünge usw.

Auf diese Weise wird man schon bald feststellen, daß sich manche Dinge nicht nur in dem eigenen Leben wiederholen, sondern auch in der eigenen Sippe. Vielleicht klingt das ein wenig abstrakt, aber wenn man einmal damit begonnen hat und evtl. zusammen mit einer anderen Person diese „Sippen-Landkarte" betrachtet, wird diese Übersicht schnell lebendig werden.

Diese Betrachtung kann einem helfen, die eigene Situation in einen größeren

Zusammenhang zu stellen und besser zu verstehen. Das kann wiederum das eigene Ziel klarer machen.

Sehr wahrscheinlich ist das genauere Studium des eigenen Horoskops vor allem in Hinblick auf den Mars (Geburah-Planet) und auf die evtl. vorhandenen Quadrate (Blockaden) hilfreich.

Auch eine Traumreise zu dem Mars im eigenen Horoskop oder zu den Quadraten im eigenen Horoskop sind manchmal sehr aufschlußreich.

Schließlich gibt es noch die „Tafelrunde der Planeten". Dies ist entweder eine Traumreise oder eine Familienaufstellung. Der „Lageplan" dabei ist das eigene Horoskop, das man bei der Traumreise innerlich imaginiert und bei der Familienaufstellung auf dem Fußboden durch zehn Papierblätter mit den Planetensymbolen markiert, wobei die Planeten so liegen wie im eigenen Horoskop. Dabei weist der Aszendent nach Osten zum Sonnenaufgangspunkt. Wenn man das Horoskop imaginiert, kann man auch einen ringförmigen Tisch wie bei der Tafelrunde von König Artus imaginieren, an dem die Planeten an den dem eigenen Horoskop entsprechenden Stellen sitzen.

Man selber steht in der Mitte des Kreises und unterhält sich mit den eigenen Planeten und fragt sie, wie es ihnen geht, ob sie Wünsche, Sorgen, Vorschläge u.ä. haben. Das sich daraus ergebende Gespräch ist in aller Regel sehr aufschlußreich.

Schließlich kann man sich noch fragen, welcher Typ man insgesamt gesehen ist:

- Genieße ich die Fülle in der Mitte? Oder bin ich einer der beiden polarisierten Mangel-Extreme, also ein hagerer Asket oder ein dicker Süchtiger?

- Genieße ich die Kraft in der Mitte? Oder bin ich einer der beiden polarisierten Angst-Extreme, also ein machtbesessener Täter oder ein ohnmächtiges Opfer?

- Genieße ich die Selbstliebe in der Mitte? Oder bin ich einer der beiden polarisierten Selbstzweifel-Extreme, also ein Star mit Größenwahn oder ein Fan mit Minderwertigkeitskomplex?

4. Die Qualität des Zieles rufen

Man sollte natürlich nicht bei den Erkenntnissen des vorigen Abschnitts stehenbleiben, sondern auch schauen, was man bereits vor dem „Adeptus Major"-Ritual unternehmen kann. Diese Vorübungen sind ausgesprochen hilfreich, da man durch sie schon mal einen Geschmack von der Qualität bekommt, die man erreichen will. Sie verstärken mit großer Wahrscheinlichkeit auch die Wirkung des Geburah-Rituals – so wie ein Marathon-Lauf mit vorhergehendem Training auch ein besseres Ergebnis haben wird als ohne das Training.

Das Folgende sind Vorschläge – man muß sie keineswegs alle durchführen. In der Regel ist es sinnvoll, sich mindestens drei Übungen auszusuchen – und zwar 1. die Übung, die einem am sinnvollsten erscheint, 2. die Übung, die man am liebsten machen würde, und 3. die Übung, gegen die man die größte Abneigung hat.

Die folgende Liste ist natürlich keineswegs vollständig – der Kreativität in Bezug auf die Geburah-Vorübungen sind keine Grenzen gesetzt.

- Man kann sich die Tarot-Karten legen und sich fragen, was im eigenen Leben gerade am wichtigsten ist – und welcher Entwicklungsschritt am förderlichsten wäre.

- Man kann Betrachtungen über Feuer, Mars und Geburah anstellen: die Wirkung eines klaren Ziels, das Streben nach dem effektivsten Vorgehen, die Hemmungslosigkeit beim Vorgehen, die Wirkung von Zielstrebigkeit, der Unterschied zwischen Halbherzigkeit und vollem Engagement usw.

- Die Suche nach dem zentralen eigenen Problem mit Geburah und die Erkenntnis, was dieses Problem ist, ermöglicht ein präziseres Streben nach der Lösung.

- Eine Traumreisen zum Feuer unternehmen.

- Eine Traumreisen zum Mars unternehmen.

- Eine Traumreisen nach Geburah unternehmen.

- Eine Traumreisen zu Samael, dem Erzengel von Geburah, oder zu Elohim Gibor, dem Gottesnamen in Geburah, unternehmen.

- Eine Traumreise zu Göttern mit Mars/Geburah-Charakter wie Mars, Ares, Shiva, Sachmet usw. unternehmen.

- Eine Feuermediationen durchführen z.B. mit der Imagination von Feuer in eigenem Körper und mit dem Mantra „Feuer".

- Des öfteren das invozierende Mars-Hexagramm in den vier Richtungen, oben, unten und im Zentrum ziehen.

- Das invozierende Mars-Hexagramm in den vier Richtungen ziehen und nach jedem Ziehen eines Hexagramms den Geburah-Erzengel Samael anrufen.

- Eine Invokation des Samael durchführen.

- Alleine oder in einer Gruppe Shiva-Chants singen.

- Meditationen (evtl. Atemübungen) über das Sonnengeflecht zur Wiederherstellung des hemmungslosen körperlichen Selbstausdrucks.

- Meditationen (evtl. Atemübungen) über das Halschakra zur Wiederherstellung des hemmungslosen sozialen Selbstausdrucks.

- Mars-Mediationen: beim Ein- und Ausatmen innerlich „Mars" sprechen; sich vorstellen, in einer Kugel aus rotem Licht, das Mars-Qualität hat, zu sitzen (diese Meditation ist schlicht und sehr wirksam).

- In allem, was man tut, die hemmungslose Aufrichtigkeit und das hemmungsloses Strahlen anstreben.

- Sich ein Schwert besorgen und damit kämpfen üben.

- Sich darin üben, in Diskussionen standhaft zu sein und den eigenen Standpunkt zu vertreten – und ihn evtl. während der Diskussion durch neue Einsichten auch zu ändern.

- Streiten üben, Kampfsport üben, sich durchsetzen üben.

- An einem Feuerlauf teilnehmen.

- Um die Qualität des einsgerichteten Geburah-Zustandes kennenzulernen kann man auch einen der drei folgenden Versuche durchführen:

> - „Hepp"-Versuch: Person A legt sich mit dem Bauch auf die Erde und legt ihre Arme neben ihren Körper oder neben ihren Kopf. Person B legt sich mit ihrem Bauch quer über die Waden von Person A. Beide Personen zusammen sehen nun ungefähr wie ein „T" aus.
> Person A versucht nun, Person B mit ihren Beinen hochzuheben – was in aller Regel nicht gelingen wird. Dabei sollte Person A auf ihre Beine achten und sich nicht durch eine verbissene Überanstrengung eine Muskelzerrung zuziehen.
> Dann stellt sich Person A vor, daß von ihrem Kopf bis in ihre Füße

ein weißer Lichtstrahl fließt, der sich in ihrem Gesäß in zwei Strahlen aufteilt. Dann stellt sich Person A vor, daß Person B nur ein kleines Kissen ist, das leicht wie ein Federwölkchen ist. Nun sagt Person A innerlich „Hepp!" und hebt dabei Person B mit ihren Waden hoch – und Person B wird aller Wahrscheinlichkeit nach mit einigem Schwung über den Rücken von Person A kullern …

- <u>Shaolin-Versuch</u>:   Für den „Shaolin-Versuch" wird eine Tischplatte, ein Zaunpfahl oder etwas ähnliches gebraucht, das eine glatte Fläche in ungefähr 1,20m Höhe hat.

Person A legt ihre linke Faust auf diese Fläche. Person B und Person C ergreifen das Handgelenk und die Faust von A und halten sie auf der Fläche fest.

Nun blickt A auf seine Faust, die von B und C festgehalten wird, und versucht sie fortzuziehen – vergeblich …

Jetzt wird die Versuchsanordnung verändert: A wendet sich von B und C fort und blickt in seine rechte Handfläche, die er mit leicht angewinkelten Arm im Abstand von ca. 40cm vor seine Augen hält – und geht einfach fort und zieht B und C hinter sich her.

Bei diesem Versuch ist die Geste, die den Unterschied macht, das Blicken in die eigene Hand und das „sich nicht um die beiden, die die Faust festhalten, kümmern".

- <u>Stuhl-Versuch</u>:   Es gibt einen einfachen Levitations-Versuch, also „Schwebe-Versuch". Für ihn benötigt man fünf Personen.

Einer setzt sich auf einen Stuhl, die anderen vier stehen um ihn herum. Die vier Personen halten ihre Hände waagerecht mit den Handinnenflächen nach unten nebeneinander, ballen die Finger zu zwei Fäusten und strecken dann nur die beiden Zeigefinger nach vorne, die sich dabei auf der ganzen Länge berühren.

Dann stecken die vier stehenden Personen ihre Zeigefinger unter die beiden Achseln und unter die beiden Kniekehlen des Sitzenden und versuchen ihn hochzuheben – was mit großer Wahrscheinlichkeit nicht gelingen wird.

Als nächstes legen die vier Stehenden ihre Hände übereinander auf den Kopf des Sitzenden und singen zusammen einen Ton – einfach ein „a" auf einer beliebigen Tonhöhe.

Nun wird das Heben des Sitzenden mithilfe der Zeigefinger wiederholt – was nun mühelos gelingt, da der Sitzende kein Gewicht mehr zu haben scheint.

5. Allgemeine Vorbereitungen

Es gibt einige organisatorische und stilistische Dinge, die vor einem Ritual zu klären sind:

- Wird das Ritual alleine durchgeführt, mit einem Zeugen, mit einem Helfer, in einer Gruppe oder in einem festen Orden?

- Wo findet das Ritual statt?

- Wann findet das Ritual statt? Der Termin sollte, wenn möglich, der Weltanschauung des Betreffenden entsprechen. So könnte der Entschluß zu dem Ritual z.B. in der Julnacht gefaßt worden sein und das Ritual an Mittsommer durchgeführt werden. Das bietet dann sechs Monate Zeit für die Vorübungen und die Vorbereitungen.

- Wird besondere Kleidung benutzt? Die Wirksamkeit von spezieller Kleidung sollte man nicht unterschätzen.

- Werden Ritualgegenstände benutzt? Und wenn ja, welche? Wird der Ort in irgendeiner Weise besonders ausgestattet oder geschmückt?

6. Spezielle Vorbereitungen

Zu diesen Vorbereitungen zählen alle Dinge, die man unternimmt, um das Ritual selber entwickeln zu können oder um ein bereits vorhandenes Ritual so umzugestalten, daß es den eigenen Bedürfnissen und dem eigenen Stil entspricht – z.B. die germanischen Gottheiten in einem Ritual durch ihnen möglichst genau entsprechende ägyptische Gottheiten ersetzen.

Zu diesen speziellen Vorbereitungen für das in diesem Buch dargestellte Geburah-Ritual zählen auch die Traumreisen.

Die ersten vier Traumreisen, die im Folgenden angeführt werden, habe ich vor ca. 20 Jahren zusammen mit meinem Freund Jörg Wichmann unternommen. Die übrigen Traumreisen habe ich in dem Monat vor dem Verfassen des Gebruah-Rituals durchgeführt.

a) Traumreise auf dem 23. Pfad von Hod nach Geburah

(Jörg und Harry)

Durch das Tor zum 23. Pfad am Rand von Hod gelangten wir in eine Wald-landschaft, die zunehmend felsiger und gebirgiger wurde. Anfangs gab es noch vereinzelte Eichen und Birken, aber schließlich nur noch Fichten und hin und wieder ein paar Kiefern. Wir folgten einem langen Weg der auf halber Höhe an den Hängen von immer tieferen Tälern entlangführte. Schließlich sahen wir in der Ferne eine Burg – Geburah.

Auf dieser Traumreise geschah ausgesprochen wenig. Auch ein deutliches Symbol für den Graben wie z.B. eine Brücke oder ein Tunnel fehlte.

Die Szenerie glich sehr der auf dem Pfad von Geburah nach Binah.

b) Traumreise auf dem 22. Pfad von Tiphareth nach Geburah

(Jörg und Harry)

Wir begannen diese Traumreise in Tiphareth und gingen durch das Tor zu dem 22. Pfad. Zunächst gingen wir durch eine weite Ebene mit z.T. schon verdorrtem Gras und einzelnen Bäumen. Nach und nach wurde die Landschaft ein wenig hügelig und es gab vereinzelte Baumgruppen, die meist aus Kiefern und Eichen und manchmal ein paar Haselsträuchern bestanden.

Nachdem wir eine Weile gegangen waren, entdeckten wir die verkohlten Überreste eines Holzhauses. Es mußte wohl einmal eine einfache Blockhütte gewesen sein. Der Brand konnte noch nicht allzulange her sein, denn die Felder und Gemüsebeete rings um das Haus waren noch zu erkennen, auch wenn sie schon mit Unkraut überwachsen waren.

Unser Weg wurde allmählich bergiger und wir entdeckten noch ein paar weitere Ruinen, die offenbar verbrannt worden waren, aber es fand sich nirgendwo ein Mensch oder ein Tier.

Schließlich sahen wir vor uns auf einem Berg die uns schon von dem 23. Pfad bekannte Burg.

Die Ruinen wiesen deutlich auf vergangene Kämpfe hin. Da sich diese Szenerie im Bereich der Seele befindet, können sie auch in früheren Inkarnationen der Seele stattgefunden haben. Vermutlich sind die Ruinen nicht allzu wörtlich zu nehmen und stellen nur symbolisch frühere heftige Erlebnisse, eben das Karma der Seele dar. Auf diesen Zusammenhang mit früheren heftigen Erlebnissen ist vermutlich auch die wilde und z.T. karge Landschaft auf den beiden Pfaden nach Geburah zurückzuführen.

c) Traumreise zur Sephirah Geburah

(Jörg und Harry)

Es ist Nacht, wir stehen auf einem Waldweg im Gebirge. Der Wald besteht zu einem großen Teil aus Kiefern, vermischt mit Fichten, Eichen, Birken und wenig Buchen. Wir schauen uns eine Weile um und fragen uns, wo wir hier sind. Schließlich entdecken wir auf einem Berg jenseits von zwei Tälern eine Burg und machen uns auf den Weg dorthin.

Als wir die Burg schließlich erreichen, sehen wir, daß sie schon sehr alt ist. Sie sieht im Großen und Ganzen noch intakt aus, ist aber hier und da schon etwas am verfallen. Wir treten durch das Burgtor – es ist niemand zu sehen. Wir biegen nach rechts in den äußeren Zwinger und durch ein zweites Tor nach links in den inneren Zwinger. Schließlich kommen wir auf den eigentlichen Burghof, der recht groß ist.

Der Boden des Hofes ist gegenüber vom Tor an einer Stelle, die wie eine verfallene hohe Stufe oder kleine Treppe aussieht, so verfallen, daß man einen Raum unter dem Hof ahnt, und wir wissen sofort, daß dort drinnen das Wesentliche zu finden ist. Wir steigen in das Loch hinein und befinden uns in einem Kellergewölbe. Überall liegen halbvermoderte Leichen, umgeworfene Tische und Bänke, zerbrochene Kerzenhalter, rostige Schwerter, geborstene Krüge, zersplitterte Lanzen – und mittendrin liegt ein riesiger Drache.

Wir bleiben stehen und warten – und der Drache wartet auch. Nach und nach wird uns klar, daß dieser Drache zwar riesig und mächtig ist, daß er uns aber nicht übel-gesonnen ist und daß er möglicherweise auch nicht die Ursache dieses Schlachtfeldes ist. Ich frage innerlich die Sephirah Geburah, ob dieser Drache die Essenz von Geburah ist. Die Antwort ist: „Deine Geburah-Essenz. Und Jörgs Geburah-Essenz." (Vermutlich ist er für uns beide nicht derselbe Drache.)

Je mehr die Furcht vor dem Drachen schwindet, desto mehr Kraft spüre ich in mir. Schließlich nehme ich mein Schwert, das ich bei diesen Reisen bisweilen (imaginär) bei mir trage, und bitte den Drachen, das Schwert mit seinem Feuer zu weihen. Daraufhin spuckt er Feuer und hüllt mein Schwert in seine Lohe ein.

Schließlich bedanken wir uns bei dem Drachen und reisen zurück.

Erst sehr viel später ist mir klar geworden, daß das Schlachtfeld in dem Kellerge-wölbe mein Karma war, daß die Burg meine Abgrenzung gegen den Rest der Welt ist und das der Drache die Lebenskraft war, die danach strebt, die Abgrenzungen wieder aufzulösen und mir zu ermöglichen, wieder das abgrenzungslose Bewußtsein von Da'ath zu erreichen. Der Drache ist eine Gestalt der „Schlange der Weisheit" gewesen und das Drachenfeuer ist das Feuer der Kundalini, die Lebenskraft und das Feuer der Ekstase, durch die man die Mittlere Säule hinaufsteigen kann.

d) Traumreise nach Tiphareth, Geburah und Chesed

(Jörg und Harry)

Die folgende Vision stammt von einer Reise von Jörg und mir, die wir unternom-men haben, weil ich zu dem Schluß gekommen war, daß ich, um in meinem Leben zurechtkommen zu können, wissen müßte, warum ich mich, d.h. warum sich meine Seele eigentlich entschlossen hat, dieses Leben zu leben und so'n Harry zu werden.

Die Traumreise begann damit, daß ich in meiner Erinnerung erst in Fünfjahres-schritten und dann in Jahresschritten Richtung Geburt zurückgekehrt bin und dabei Jörg gesagt habe, wo ich gerade bin. Da ich mich bereits an meine Geburt erinnern konnte, war der Weg bis dahin recht einfach. Jörg hatte in diesem Teil der gemein-samen Traumreise nur vereinzelte, flüchtige Bilder von meinem Leben gesehen und fühlte sich eher außen vor.

Zunächst war die Wahrnehmung aus der Zeit vor meiner Geburt so, wie man sich sie auch vorstellen würde: gedämpftes Licht, warm, schwerelos, kein eigenes Atmen, Essen oder Trinken – eher Ruhen und Warten. Beim Erreichen des Zeitpunktes von 4 Wochen nach der Zeugung änderte sich die Wahrnehmung: ich war ein Bewußtsein und eine Wahrnehmung, das eine Kugel bildete und über den Leib meiner Mutter ca. 10cm hinausragte. Bei 3 Wochen nach der Zeugung war diese Kugel deutlich größer (Durchmesser ca. 1,5 m) und die Kugel schien um ihren Mittelpunkt zu kreisen, der im Leib meiner Mutter verankert war. Bei 2 Wochen nach meiner Zeugung war diese Kugel noch größer (Durchmesser ca. 4m) und mein Bewußtsein befand sich wie eine Kugel innerhalb dieser Kugel auf einer Umlaufbahn, wodurch sich eine Art Wirbel ergab. 1 Woche nach meiner Zeugung war dieser Zustand in etwa gleich, nur fühlte sich die Verankerung noch sehr lose an. Zum Zeitpunkt meiner Zeugung befand ich mich in der Nähe meiner Eltern und konnte ihre Gefühle wahrnehmen. Ich habe mich kurz gefragt, ob das jetzt indiskret ist, aber da ich ja in gewisser Weise die Hauptperson bei diesem Ereignis war, beschloß ich, daß das so o.k. ist.

Als ich nun vor meine Zeugung zurückkehrte, sah ich meine Seele in sich versunken in einer schweren, ernsten, fast gedrückten Stimmung und ich habe mich gefragt, ob sich alle Seelen kurz vor der Zeugung ihres zukünftigen Körpers so fühlen. Ich hatte das Gefühl, daß Jörg nun neben mich kommen könnte, da ich mich nun außerhalb meiner Erinnerungen als Harry befand und wir nun in dem gewohnten Bereich der Traumreise waren.

Ich frug Jörg danach und als er einverstanden war, sandte ich einen Lichtstrahl von mir zu ihm, um den Weg zu mir zu markieren. Als der Lichtstrahl bei ihm ankam, hatte ich das Gefühl, ich solle ihm entlang des Lichtstrahles meine Hand reichen (nur in der Vision, nicht mit meiner materiellen Hand) und ihn zu mir herüberziehen. Bei dem Herübergezogenwerden hatte Jörg das Gefühl, durch mehrere Seiten des Ägyptischen Totenbuches gezogen zu werden.

Als er dann neben mir war, betrachteten wir meine Seele zu der damaligen Zeit. Jörg wies mich darauf hin, daß die Seele hier vor einem Platz sitzt, der wie eine Arena wirkt.

Auf unsere Fragen an die Arena nach ihrem Wesen erhielt Jörg die Antwort „Vorbereitung" und ich „Platz des Schweigens" – also ein Platz der schweigenden Vorbereitung der Seele auf ihre nächste Inkarnation.

Auf meine Frage an den Platz des Schweigens, wo ich Informationen über meinen Entschluß zu diesem Leben erhalten könnte, wurde ich von ihm zu einem Ort weit hinter mir verwiesen.

Jörg und ich drehten uns um und flogen dorthin. Ich sah eine große runde Kugel, deren Oberfläche große Schlieren hatte, wie von einer langsamfließenden Flüssigkeit.

„Apachenträne", sagte Jörg (=Rauchobsidian).

„Paßt gut," entgegnete ich, „in der Steinheilkunde ist der Rauchobsidian der Stein, der einen zu dem zurückbringt, was man ursprünglich einmal gewollt hat. Und die Schlieren in der Kugeloberfläche haben wirklich Ähnlichkeit mit der fließenden Lava, aus der der Rauchobsidian ja entsteht. – Schau mal, da ist ein Raum innen in der Kugel und eine Art Sitz. Ich gehe mal hinein."

„Ich bleibe draußen – der Ort ist nicht für mich zugelassen."

„Ja, das fühle ich auch so."

Auf dem Sitz fühlte ich wieder die Schwere im „Gemüt" der Seele, die ich in ihr auch schon an dem Platz des Schweigens gespürt hatte. Als ich mich mit meiner Seele vereint hatte und dort in der Kugel auf dem Sitz saß, konnte ich mein Bewußtsein nur nach vorne auf die kommende Inkarnation richten – offenbar war meine Seele hier ausschließlich mit dem Entschluß für diese Inkarnation beschäftigt. Es gelang mir nicht, konkretere Informationen von ihr über den Grund für dieses kommende (mein jetziges) Leben zu erhalten. Auf meine Frage an meine Seele erschien aber links hinter mir eine Art von Lichtstrahlen, die zu der von mir erwünschten Information hinwiesen.

„Wir müssen noch weiter, Jörg, hier gibt es die Informationen noch nicht."

Wir flogen auf die Quelle dieses Lichtes zu und waren überrascht, ein riesiges, weißstrahlendes Gebäude zu sehen, in dem und vor dem es nur so von ebenfalls weißstrahlenden Menschen wimmelte. Das turmartige Gebäude war weit größer, als alles, was es bisher an von Menschen errichteten Gebäuden gibt.

Als wir das Gebäude betreten wollten, spürten wir, daß das für uns verboten ist.

„Nur Tote dürfen das Haus betreten," sagte Jörg, „es sei denn, man erfüllt bestimmte Bedingungen."

„Welche Bedingungen?"

„Weiß ich nicht."

„Wen sollen wir fragen? Den Pförtner des Hauses?"

„Ja, das habe ich auch gerade gedacht."

Vor dem Pförtner-Fenster war ein großes Menschengedränge und es dauerte eine Weile, bis ich zu dem Fenster gelangte und dem Pförtner meine Frage stellen konnte.

„Die Bedingung ist, daß jeder Lebende, der den Grund für seine Inkarnation erfährt, seiner Wahrheit folgen muß."

Als ich Jörg diese Antwort mitteilte, stimmte er mir zu. „Ich habe als Antwort erhalten, daß nach dem Betreten dieses Hauses die Rest-Freiheit, die man aufgrund seiner Unwissenheit hat, verschwindet und man an seinen Entschluß gebunden ist."

Nach kurzem Überlegen beschloß ich, diese Bedingung anzunehmen und teilte dies dem Pförtner mit, woraufhin ich in das Haus eintreten konnte. Jörg sagte mir, er müsse außen bleiben, könne aber in das Haus hineinsehen, da wir auf unserer früheren Chesed-Reise schon einmal in diesem Gebäude, das damals etwas anders ausgesehen hatte, gewesen sind.

„Es ist schon seltsam, wieviele 'Tote' es gibt – das macht man sich normalerweise gar nicht so klar ... und sie sehen lebendiger aus als die Lebenden," meinte Jörg.

In dem Gebäude waren ebenfalls sehr viele weißstrahlende Menschen. Ich wünschte mich in dem Gebäude an den richtigen Ort und gelangte in einen großen, hohen, länglichen Raum, der an eine gotische Kirche erinnerte. In diesem Raum befand sich im mittleren Drittel (von der Höhe her gesehen) sehr viel Angst.

Als ich die Stirnwand des Raumes betrachtete, erschien dort ein großes Bild, wodurch der Raum wie ein Kino wirkte. Auf der Leinwand sah ich eine Landschaft vorbeiziehen, die mir bekannt vorkam. Dann kam eine Szene, in der ich meinen Tod in einem meiner früheren Leben, von dem ich bereits einige Visionen gehabt hatte, sehen konnte.

„Schau mal an die Wände," sagte Jörg, „dort sind Gesichter."

Als ich an den Seitenwänden emporblickte, sah ich auch diese Gesichter und ich erkannte sie als meine früheren Inkarnationen, die ich z.T. auf früheren Traumreisen schon gesehen hatte.

Als ich sie betrachtete und dachte, wieviel Angst hier nur ist, korrigierte mich eines der Gesichter: „Angst, Gier und Haß!"

Etwas ratlos schaute ich mich um.

„Dieser Raum ist nicht nur ein 'Kino', sondern auch eine Bibliothek," meinte Jörg.

Als ich überlegte, wo ich in diesem Raum die Informationen über die Absicht meiner Seele für mein jetziges Leben finden könnte, spürte ich vorne über dem Raum ein großes, helles, weißes Licht, das auch Jörg im oberen Drittel des Gebäudes strahlen sehen konnte und dessen Namen ich spontan als 'Weisheit' erkannte. Das Sprechen mit diesem Licht war sehr einfach und die Antworten kamen sehr klar. Ich wünschte mich hinüber zu dem Licht.

Von außen betrachtet wirkte dieses Licht fast endlos, von innen her (als ich mich mit dem Licht verbunden hatte), waren seine Grenzen deutlich zu erkennen. Es hatte keine innere Struktur, lediglich diese äußere Grenze, die man aber von außen her fast nicht erkennen konnte.

Ich meinte zu Jörg: „Ich glaube dieses Licht ist die höchste Form, die ein Lebewesen annehmen kann, das noch abgegrenzt ist."

Als ich dieses Licht nach der gewünschten Information fragte, zeigte es mir eine Stelle an der Wand des Raumes, in dem sich das Licht befand.

„Dahinter liegt das Wissen, die Kenntnis Deines ganzen Lebens."

„Wenn ich die Absicht für mein jetziges Leben erfahren will, bedeutet das, daß ich den gesamten Verlauf meines jetzigen Lebens erfahren werde?"

„Ja."

„Mmh, ich glaube, ich überlege mir das noch eine Weile – das möchte ich lieber nicht überstürzen."

Ich bedankte mich und ging wieder hinaus zu Jörg.

„Den gesamte Verlauf meines Lebens zu kennen ist ja schon recht merkwürdig – das verändert vollständig die Perspektive."

„Ja, dann verschwindet die Freiheit, so wie der Pförtner es gesagt hat."

„Sie verschiebt sich eher von der Ebene meiner Psyche auf die Ebene meiner Seele."

„Aus der scheinbaren Freiheit oder begrenzten Freiheit während des Lebens wird dann die Freiheit des Entschlusses zu diesem Leben."

„Nun, dazu paßt es auch, daß man durch diese Kenntnis zur Treue zur eigenen Wahrheit verpflichtet wird."

„Gibt es hier noch etwas Wichtiges zu tun, bevor wir zurückkehren? – Ich glaube, da vorne links ist etwas, wo wir noch einmal hinsollten."

Wir kamen zu einer Art Teich oder Brunnen, der von einer gut kniehohen Mauer umgeben war und in dessen Mitte sich eine weitere kleine, kreisrunde Mauer befand.

„Wie heißt der Ort?"

„Ich bekomme als Antwort 'See der Erinnerungen'."

„Was sollen wir hier?"

„Die Hand hineinhalten oder davon trinken."

„Eine Münze hineinwerfen."

„Es scheint also um eine symbolische Kontaktaufnahme zu gehen. Und es scheint wichtig zu sein, daß nicht nur einer von uns, sondern wir beide den Kontakt aufnehmen."

Also beugten wir uns beide über das Wasser und nahmen Kontakt auf. Ich sah einen Drachen im chinesischen Stil und Jörg Kriegsszenen. Als wir uns darüber austauschten, wechselten die beiden Szenerien zwischen uns.

„Da es für uns beide wichtig zu sein scheint, laß uns hineingehen."

„Na, gut."

Die Szene wurde sofort deutlicher und wir standen vor einem Drachen, der uns in sein Feuer hüllte.

„Das Feuer bedeutet einen Segen mit Stärke, Jörg."

Ich legte eine Hand auf die Schuppen des Drachen und fühlte die glattgescheuerte, glänzende Hornschuppe und die länglichen Erhöhungen und Grate auf ihr und sagte verwundert: „Komisch, ich habe noch nie einen Drachen angefaßt."

Dann mußte ich fast lachen, als mir bewußt wurde, was ich da gesagt hatte.

Nach einer Weile kehrten wir dann nach oben vor den Brunnen zurück. Dort spürten wir, daß es wichtig ist, in diesem Fall genau denselben Weg zurückzukehren, den wir gekommen waren. Was wir dann auch taten.

Der Platz des Schweigens in dieser Vision ist Tiphareth, die Kugel aus Rauchobsidian Geburah und das große Gebäude Chesed.

Die Weisheit in Chesed war offenbar die Anwesenheit der Chokmah-Gottheit in der

Mitte von Chesed, aus der heraus meine Seele entstanden ist.

Die Akasha-Chronik, der Saal der Erinnerungen an die früheren Inkarnationen, ist eine detailreiche Variante des Erlebnisses, das bisweilen bei der Traumreise zur eigene Mitte auftritt: Die Personen, die ihre eigene Seele gefunden haben, gehen manchmal noch weiter bis sie zu einem Kreis von Menschen kommen, die dieser Person wie Brüder und Schwestern erscheinen – wobei den Traumreisenden nur in den seltensten Fällen sofort deutlich wird, daß dies ihre eigenen Gestalten in früheren Inkarnationen sind.

Der Brunnen ist der Beginn des Pfades zwischen Chesed und Geburah.

Der Drache ist die Essenz Geburahs.

Die „Blase", in der man sich während einer Inkarnation befindet, besteht aus der „Substanz" des Grabens bzw. ist die Grenze des Grabens, durch die man von der Seite der Seele aus mühelos hindurchblicken kann, da sie von dem Seelenbereich aus durchsichtig ist, während diese Grenze von der Psyche aus undurchsichtig erscheint, solange man seine eigene Psyche noch nicht wieder weitestgehend harmonisiert und geheilt hat. Dies führt dazu, daß zwar die Seele alle ihre bisherigen Inkarnationen sehen kann, aber das Bewußtsein innerhalb einer einzelnen Inkarnation zunächst nicht die eigene Seele erkennt und auch nicht ihre früheren Inkarnationen sieht. Diese Undurchsichtigkeit des Graben von unten nach oben ist zur Zeit der Geburt noch nicht so ausgeprägt – sie nimmt aber im Laufe des Lebens in der Regel durch die vielen, meist unverdauten Erlebnisse ständig zu. Daher können sich manche Kinder noch an frühere Leben erinnern. Diese Fähigkeit endet in der Regel ungefähr im Alter von fünf Jahren.

Die innere Stimme, die manchmal sehr deutlich zu einem sprechen kann und meist die zentralen Hinweise im eigenen Leben gibt, kommt vermutlich hier von Chesed von dem Licht der Weisheit, das sozusagen an den wesentlichen Punkten im Leben unterstützende Regieanweisungen für das normale Wachbewußtsein in Malkuth gibt.

e) Traumreise nach Geburah

Ich will noch einmal nach Geburah reisen und schauen, was ich nun, also 20 Jahre nach den Traumreisen zusammen mit Jörg, dort erlebe.

Ich gehe von Malkuth aus über den Pfad nach Yesod und dann weiter über den nächsten Pfad nach Tiphareth – das scheint mir passender zu sein als über Hod zu gehen – und dann über den letzten Pfad nach Geburah.

Der Pfad von Tiphareth nach Geburah ist seltsam: goldenes Licht, aber lauter Spiegelscherben, die Bilder in Bruchstücken reflektieren. Das sieht ein bißchen aus wie die Spiegeldimension in dem MCU-Film „Dr. Strange“. Seltsam ... Da ist auch Wärme wie Sonnenlicht und ein süßer Geschmack wie reife Pfirsiche ... wirklich seltsam ... Da ist auch Fülle, Kraft und so etwas wie „Schöpfungs-Druck“ ...

Ich frage: „Was ist hier die Essenz?“

Ich sehe eine Walnuß.

„Wird hier die Essenz, der Kern, der Same von etwas geschaffen?“

„Ja.“

„Ist das die Version dieses Pfades von Geburah nach Tiphareth hin gesehen?“

„Ja – aber die Vision in der anderen Richtung gesehen ist nicht viel anderes: Same und Frucht entsprechen sich. Die Süße, die Du geschmeckt hast, ist das, was Du durch ein vergangenes Leben erlangt hast.“

„Also kein Fegefeuer?“

„Nicht notwendigerweise.“

„Habe ich das Wesen der Walnuß schon erfaßt?“

„Nein – nicht ganz.“

„Wie kann ich das erfassen?“

„Gehe in sie hinein, aber bleibe Du selber und bleibe zugleich außerhalb von ihr.“

„O.k. – klingt anspruchsvoll, aber ich glaube, ich kann das.“

„Sonst hätte ich das auch nicht gesagt.“

„Wer spricht da eigentlich?“

„Der Pfad – Du hast mich gefragt.“

„Ja ... gut – ich schaue mir jetzt die Walnuß auf die von Dir beschriebene Weise an.“

... ... In der Walnuß ist Kraft ... Feuer ... „Schöpfungs-Druck“ ... das Verlangen, zu erleben ... Ja – und der Pfirsich-Geschmack ist das Auskosten des Erlebten ... Das ist vor und nach einer Inkarnation.

Gut. Ich gehe jetzt weiter zu dem Tor am Ende von diesem Pfad, das der Eingang zu Geburah ist. Hinter dem Tor ist Strenge, Kraft, Entschiedenheit, ein Ringen um einen Entschluß, da ist eine Burg, da ist ein Vulkan, Feuer ... Drachenfeuer? Weiß nicht – noch sehe ich keinen Drachen.

Ich wechsle noch mal nach Hod zurück und gehe von Hod aus nach Geburah. Dafür gehe ich zuerst einmal von Geburah aus den Pfad zurück nach Tiphareth und dann weiter den Pfad von Tiphareth nach Hod.

Der Pfad von Hod nach Geburah ist herb, bissig, streitbar, kämpferisch, zielgerichtet, alles andere als neutral – sondern entschieden, hier wird etwas angestrebt und nach den besten Werkzeugen und Wegen für das Ziel gesucht ... das ist steinig, karg, öde, da ist Feuer ... Das erinnert mich an „Mordor“ aus dem „Herrn der Ringe“, aber es ist nicht so düster und bedrohlich – aber eben eine Vulkan-Landschaft ...

„Was ist hier die Essenz?“

„Feuer im Stein, Feuer im Metall.“

„Was heißt das?"

„Waffen. Kampf. Arbeit. Durchsetzung. Umsetzung. Tat. Geschickte und intelligente Tat. Taten, die ihr Ziel auf effektive Weise erreichen."

„Hm, ja ... das paßt zu diesem Pfad."

Ich gehe auf diesem Pfad zu dem Tor nach Geburah.

Ich sehe die Berge und die Burg in Geburah von weiter unten – der vorige Pfad endete sozusagen weiter oben in Geburah. Das war auch damals bei den Traumreisen mit Jörg so.

Von den Enden der beiden Pfade, die nach Geburah führen, führen zwei Wege weiter zum Tor der Burg – dort treffen sie sich. Ich gehe dort hinauf.

„Was ist die ursprünglichste Gestalt dieser Burg?"

Ich sehe eine rote Kugel ... sie schwebt da in mitten der Burg und ragt teilweise in den Boden des Burghofes hinein ... sie ist fest, ein mattes Rot, aber irgendwie auch glühend, pure Kraft, die Ausstrahlung ist ähnlich wie die von zähflüssiger Lava ... die Kugel ist nicht sehr groß – sie hat vielleicht 12m Durchmesser ...

„Wie kann ich das Wesen dieser Geburah-Kugel am besten erfassen?"

„Gehe hinein, aber löse Dich nicht in ihr auf."

„O.k."

Ich schwebe vor der Kugel, aber es ist nicht so einfach hineinzulangen ... ich mache die Geste des Öffnen des Vorhangs – nun kann ich hinein.

Krieger sein ... eine extrem hohe Intensität ... die Notwendigkeit der Einschränkung, da man sich nicht für alle Dinge gleichzeitig entscheiden kann – das führt zu dem Erlebnis von Leid ... aber es ist ein notwendiges und daher auch willkommenes Leid ... nichts auszuwählen und sich für nichts zu entscheiden würde ein unvergleichbar viel größeres Leid verursachen ... das Entscheiden ist auch ein Kampf – aber der Kampf ist gut, weil er deutlich macht, was das Effektivste ist und dadurch ermöglicht, das Beste zu wählen ... dieser Kampf zwischen den Möglichkeiten ist ein Aspekt der Kreativität und der Verwirklichung – er ist die Kraft des „Blitzstrahls der Schöpfung", des „Schwertes der Schöpfung" ... Da ist auch ein vehementes, einsgerichtetes Wollen – sich inkarnieren wollen und das Beste wollen – dieser Wille ist auf irgendeine Weise absolut und „plutonisch" ... Ich verstehe, ich erlebe jetzt, daß Geburah die Sephirah ist, die Kether am ähnlichsten ist. Da gibt es kein Wenn und kein Aber – da gibt es nur die unbedingte Intensität des Handeln-Wollens, des Dranges, sich zu inkarnieren und genau das zu erleben, was man jetzt hier als das Intensivste erlebt und erkannt hat und das man deshalb auch ganz real in Malkuth leben und erleben will.

Das war der Blick von Malkuth aus nach unten in Richtung Tiphareth.

Wie sieht der Blick aufwärts nach Chesed hin aus? Aufwärts in Bezug auf die „Schlange der Weisheit" – auf dem Lebensbaum liegt der Pfad nach Chesed ja waagerecht.

Ich wende mich also zur Seite zu dem Tor am Rand von Geburah, hinter dem der Pfad nach Chesed führt.

Das ist entspannend – ich komme gerade von einem Leben zurück, ich bin gerade gestorben ... Ja, das ist in demselben Maße entspannend, wie die Richtung nach Tiphareth hin anspannend ist. Chesed ist Heimat, die Versammlung meiner bisherigen Inkarnationen – genauer gesagt, der Erinnerungen an meine bisherigen Inkarnationen. Dort ist alles, was ich als Individuum bin, dort steht das alles nebeneinander – dort ist alles einfach das, was es ist, dort gibt es keinen Entscheidungsdruck – den gibt es nur hier in Geburah, wenn ich von dort aus nach Tiphareth will.

In Chesed ist alles durchsichtig, ist alles sichtbar.

In Geburah fällt die Entscheidung für eine Sache, weshalb die anderen Handlungs-Möglichkeiten, die nicht gleichzeitig umgesetzt werden können, in Schach gehalten werden – sie sind bewußt und sie sind da, aber sie werden ferngehalten.

In Tiphareth ist nur die Sache, für die die Entscheidung gefallen ist – und diese Sache leuchtet aus sich heraus.

„Kannst Du mir noch mehr zu Dir sagen oder mir über Dich zeigen, Geburah?"

Ich sehe, daß in meiner Brust ein Feuer brennt, in meinem Herzchakra, d.h. eigentlich vom Wunschbaum unten am Rippenbogen bis zum Herzchakra – dieses Feuer ist ein Teil der Kundalini ... In diesem Feuer liegt eine große Ruhe – das verwundert mich gerade ein wenig ...

„Warum ist das so?"

„Du bist Feuer. Du bist Mars. Du bist Geburah. Du bist die aufsteigende Kundalini-Schlange. Du bist das Feuerschwert, das alles erschafft. Du bist die Tat. Das ist Deine Freude und das ist Dein Leben – das ist das, was Du bist."

„Woher kommt da diese Ruhe?"

„Du lebst. Du folgst dem, wofür Du Dich entschieden hast. Du tust genau das, was Du bist. Kein Makel. Deshalb Ruhe. Deshalb Freude."

„Hm ... ja ... Ich sehe, daß das Entscheiden genau richtig ist – also 'richtig', weil es genau das ist, was ich will, was meinem Wesen entspricht."

„Das ist das, was einen Krieger ausmacht: Er weiß, wer er ist; er tut, was er ist; er lebt, wie er ist."

„Hm ... ja ... das ist genau das, was ich gerade zu lernen versuche ... und auch das, warum ich nach einem guten und effektiven Geburah-Ritual suche.

Kannst Du mir etwas zu diesem Ritual sagen?"

„Tue das, was Dich zu dieser Haltung der eingerichteten Tat bringt."

„Und wie kann ich das am besten erreichen?"

„Gehe nach Geburah. Die Form ist nicht so wichtig – sie muß nur stimmen. Die Intensität, mit der Du das willst, ist entscheidend. Werde eingerichtet.

Du lebst jetzt. Nicht irgendwann."

„Also das strahlend sein, was ich bin – ohne jegliche Angst vor den Folgen. Wach *sein, klug sein, geschickt sein, stark sein ... aber niemals mir untreu werden, immer das strahlend sein, was ich bin. Meine Seele ungehindert durch meine Psyche nach außen strahlen lassen."*

„Da hast Du jetzt die Wirkung von Geburah in Deiner Psyche beschrieben, wenn Du von Geburah aus lebst. Geburah selber ist nach Tiphareth hin die Entscheidung und nach Chesed hin die Entspannung."

„Ja, gut ... das kann ich sehen. ... Gibt es noch etwas, was Du mir zu Geburah sagen oder zeigen kannst?"

„Das genügt vorerst."

„Und ein Rat für das Ritual?"

„Du mußt nur wissen, was Du erreichen willst – dann formt sich das Ritual darum herum."

„Ja, gut ... Danke! Vielen Dank! ... Ho!"

f) Traumreise zu Elohim Gibor

„Elohim Gibor" ist der Name von Gott in Geburah.

Der in der Kabbala in mehreren Zusammenhängen vorkommende Name „Elohim" ist der Plural zu „Eloah" und bedeutet „Mächtiger, Starker" und sekundär auch „Schöpfer". Zusammen mit dem Artikel „al" ist „al-Eloah" dann zu „Allah" geworden. „Eloah" ist vermutlich eine Weiterbildung zu dem seit 1400 v.Chr. überlieferten ugaritischen Gottesnamen „El", der in der Kabbala Gottes Name in Chesed ist.

Der Namenszusatz „Gibor" bedeutet „Starker, Mächtiger, Allmächtiger, Krieger".

„Elohim Gibor – ich möchte Dich besser verstehen und Deine Qualitäten in mir entwickeln. Kannst Du mir dabei helfen?"

„Ja."

... ...

„Ach so – ich muß mich entscheiden, es zu wollen."

„Ja."

„Was ist das Wichtigste, was ich dazu verstehen muß?"

„Daß Du lebst."

„Ähm ... ich bin mir nicht sicher, ob ich das jetzt in seiner ganzen Tiefe verstanden habe ..."

„Dann lebe und Du wirst es merken."

„Kannst Du da etwas konkreter werden? So hat die Sache noch nicht so recht einen Griff, an der ich sie fassen könnten."

„Was ist Dir wichtig? Tu das."

„Ja, stimmt ... ich bin ziemlich oft einfach nur der Beobachter. Meinst Du das?"

„Nein. Du paßt Dich ziemlich oft an."

„Hm, ja, das Problem ist mir bewußt. Ich stelle die Harmonie oder die vermeintliche Harmonie manchmal über meinen direkten unbekümmerten Selbstausdruck."

„Dein Sohn kann das besser als Du."

„Ja, das stimmt ... und auch noch einige andere, die ich kenne."

„Aber bei Deinem Sohn ist es am meisten im Lot und nicht durch Ängste oder Depressionen geprägt."

„Hm ... ja ... Kannst Du mir da einen konkreten Tipp geben? Also eine praktische Anleitung?"

„Mache oft Pausen und schaue einfach, was ist."

„Man wird zum Krieger, indem man Pausen macht?"

„Wie sollst Du sonst erkennen können, was wirklich wichtig ist?"

„Das ist jetzt aber ein wirklich unerwarteter Rat ... aber er leuchtet mir ein. Kannst Du mir auch noch etwas in Bezug auf das Geburah-Ritual sagen, das ich entwerfen will?"

„Entzünde das Feuer."

„Hm ... draußen ein großes Feuer machen? Oder was anderes?"

„Entzünde in Dir ein großes Feuer."

„Das Drachenfeuer? Die Kundalini?"

„Entzünde das Feuer und gib ihm jetzt keinen Namen. Entzünde das Feuer und schaue – und tanze."

„Hm ... da gab es doch – ich meine bei den Germanen – die Regel, daß man erst tanzen lernen soll und erst danach kämpfen. ... Ist der Tanz ein Teil des Rituals?"

„Es wäre ein sehr förderliches Element."

„Afrikanischer Tanz? Also Stampfen, Erdverbundenheit, Hara, Gemeinschaft und so?"

„Es muß nicht afrikanisch sein, aber die Richtung ist gut."

„Hm ... ich habe auch schon an den afrikanischen Kriegstanz des Ewe-Häuplings Odessu gedacht, den ich von den Kalifis gelernt habe. ... Ja ... gut ... magst Du mir noch etwas sagen?"

„Warte es ab – für jetzt ist es genug."

„Ja ... das Gefühl habe ich auch ... Danke! ... Ho!"

... ...

„Ich habe doch noch eine Frage: Der Mars-Tanz oder der Kriegstanz richten doch den Blick von Geburah nach Tiphareth – alle richten sich gemeinsam auf einsgerichtete Weise auf das, was beschlossen worden ist, aus.

Was ist denn das Gegenstück dazu? Also was ist die Tätigkeit, wenn man von Geburah aus nach Chesed blickt?"

„Liebe."

„Liebe?"

„Ja."

„Hm – das hätte ich jetzt eher bei Tiphareth erwartet ..."

„In Tiphareth liebst Du Dich selber – in Chesed liebst Du all Deine Inkarnationen."

„Oh ... ja, das leuchtet mir ein ... Aber wenn Chesed, Geburah und Tiphareth die drei Bereiche der Seele sind und die Liebe, d.h. der Zusammenhalt, eine Qualität der Seele sind, dann müßte doch nicht nur in Tiphareth und Chesed Liebe sein, sondern auch in Geburah – oder?"

„Ja."

„Was ist das für eine Form der Liebe in Geburah?"

„Die Liebe der Entscheidung."

„Ich ahne, was Du meinst ... Kannst Du mir noch mehr dazu sagen?"

„In Geburah wird die Liebe zu allem, was Du schon gewesen bist, und zu allem, was Du noch sein könntest, zur Entscheidung für das, was Dich am meisten strahlen läßt, was Dich am meisten bereichert – was Dein größter Ausdruck der Selbstliebe ist."

„Ja, das verstehe ich ... Die Entscheidung für das, was ich im nächsten Leben sein will, treffe ich aus Selbstliebe heraus. Also nicht ich, sondern meine Seele trifft diese Entscheidung. Das habe ich bisher noch nicht so gesehen. Ja, das verstehe ich ...
Vielen Dank, Elohim Gibor!"
Ich spüre so etwas wie ein wortloses Nicken, das wohl soviel wie „Bitte." bedeutet.
„Ho!"

g)   Traumreise zu Samael

Samael ist der Erzengel von Geburah. Zu ihm gibt es eine vielfältige Überlieferung: Er erscheint im Alten Testament, im Judentum, in der Gnosis und im Koran.

Sein Name bedeutet „Gottes Gift" oder „blinder Gott"; im Arabischen wird der Name auch als „Linke Hand Gottes" gedeutet. Er wird sehr oft dem Erzengel Satan gleichgesetzt, dessen Name „Anwalt, Ankläger" bedeutet. Er wird mit zwölf Flügeln dargestellt und steht noch über den Seraphim – die zwölf Flügel haben evtl. einen Bezug zu den zwölf Tierkreiszeichen.

Varianten dieses Namens sind: Samael, Samma'el, Semael, Samail, Samiel, Semiel, Samil, Smal, Smil, Samiri, Somron, Sammane, Sammuel und Samsama'il.

Im Äthiopischen Henoch-Buch ist Samael einer der rebellierenden Engel. In der griechischen Baruch-Apokalypse pflanzt Sammuel die Weinrebe, deren Wein zum

Sündenfall führt, wodurch Sammuel zu Satan wird. In den späteren Schriften erscheint Samael fast immer als Name des Teufels. Im Alten Testament ist er der Schutzengel des Esau, der mit Esaus Bruder Jakob ringt. Samael soll auch der Engel gewesen sein, der beim Auszug aus Ägypten das rote Meer geteilt hat. Er erscheint auch als Todesengel, der u.a. Moses seinen Tod verkündet. Er tritt auch als Verführer auf. Er ist der Schutzengel Roms, also die Verkörperung der Römer und später der Christen in deren Position als die Feinde Israels. Er lenkt die Schlange im Paradies, er war im Goldenen Kalb verborgen und er kämpft allezeit gegen den Erzengel Michael.

Er wird als der Erschaffer des Todes angesehen und auch als der Mann der Lilith. Er ist der Schutzengel des Ismael (Abrahams erstgeborener Sohn). Er ist der Erzengel der Zerstörung, der Anführer der Satane, er kann sich in einer Schlange verbergen und sie lenken – z.B. im Paradies – und er ist der Vater des Kain. Im Buch Henoch vereint er sich mit irdischen Frauen. Er ist der Herr der dritten Hölle. Samael und Lilith haben zusammen ein Heer von Dämonen-Kindern, zu denen auch ein Sohn mit dem Namen „Schwert des Samael" zählt. Er wird auch als Engel im fünften Himmel und im siebten Himmel angesehen. „Samael" ist auch einer der drei Namen Gottes als Schöpfer.

Diese Menge an Namen und Funktionen zeigt deutlich, daß Samael ein altes Motiv ist und daß sich im Laufe der Zeit eine große Vielfalt an Mythen um seine Gestalt gerankt hat.

In der Magie-Literatur sind mehrere Beschwörungen des Samael zu finden. Die bekannteste ist vermutlich die in der Oper „Der Freischütz", in der er auch „der Schwarze Jäger" genannt wird. In dieser Oper soll Samael dabei helfen, aus Blei sieben „Freikugeln" zu gießen, also Kugeln, die auf magische Weise jedes Ziel treffen. Dieses Thema der vom Teufel geweihten Freikugeln nimmt schon im „Hexenhammer" (Maleus maleficarum) der Inquisition einen beträchtlichen Raum ein.

Ich selber habe Samael des öfteren bei Heilungen um Hilfe gebeten, wenn es um Wehrhaftigkeit, Standfestigkeit, ein angeschlagenes Hara, um die Behebung einer Imunschwäche oder um die Abwehr von Viren ging. Dabei war Samaels Hilfe sehr wirksam. Er ist stets in einem roten Gewand erschienen – was zwar an meiner Mars/Feuer/Geburah-Assoziation zu Samael liegen kann, aber was sich auch in traditionellen Darstellungen so findet.

Schon alleine diese Vielfalt an Deutungen des Samael macht es erforderlich, selber eine Traumreise zu unternehmen, um herauszufinden, was Samael für einen selber bedeutet.

Bernard de Montfaucon: „Lantiquée
explicée …“, ca. 1700; vermutlich Samael

Evelyn de Morgan: „Samael, der Engel
des Todes“; 1890

Samael in rotem Gewand (Mitte);
Kirche St. Bartolomeus, London

Gustav Doré: „Jakob ringt mit dem
Engel (Samael)“, 1855

„Samael, ich würde mich freuen, wenn Du mir etwas sagen oder zeigen würdest, was mir hilft, das Wesen von Geburah und Dein eigenes Wesen besser zu verstehen und diese Qualitäten auch in mein Leben zu integrieren."

Ich spüre halb und sehe halb ein Stirnrunzel bei Samael über meine vorsichtige und detailliert formulierte Bitte.

„Warum runzelst Du die Stirn, Samael?"

„Sei geradeheraus und direkt."

„Ich will meinen Mars heilen."

„Dann sei marsisch."

„Wie?"

„Tanze, lache, weine, ficke, tobe, kämpfe – hemmungslos!"

„Hm ... ja ... Welche Rolle kannst Du in dem Geburah-Ritual übernehmen?"

„Ich übernehme keine Rolle."

„Äh ... Du läßt Dich nicht einspannen?"

„Nein. Ich bin ich."

„Ehm ... Aber wenn ich ein Ritual durchführe, das Deinem Wesen entspricht, dann gehst Du in Resonanz mit mir?"

„Das ist so."

„Und wie kann ich die Resonanz zu Dir erreichen?"

„Suche nicht nach Resonanz mit mir – tue, was Du willst!"

„Heißt das, daß Du, wenn ich mein Schwert mit Feuer weihe, da bist?"

„Versuche es nicht mit Tricks! Tu, was Du willst!"

„O.k. Wenn ich ein Geburah-Ritual mache, um die Qualitäten des Feuers, des Mars und Geburahs in mir zu heilen und zu fördern, dann wirst Du da sein – oder auch nicht ... jenachdem, was ich da konkret tue und will ..."

„So ist es."

„Ja ... diese Eigenständigkeit ist mir bei Dir bisher jedesmal aufgefallen, wenn ich Dich bei Heilungen um Hilfe gerufen habe."

„Und Eigenständigkeit ist das, was Du suchst."

„Und deshalb kommst Du?"

„Hör auf zu tricksen!"

„Ja, gut ... Ich will lernen, in jeder Situation auszudrücken, wer und was ich bin – ohne danach zu schielen, wie die anderen Menschen darauf reagieren könnten. ... Natürlich meine ich damit nicht, daß ich aufhöre, nach dem sinnvollen und effektiven Weg zu suchen."

„Hör auf, präzise zu sein! Sei direkt!"

„Ich will hemmungslos strahlen!"

„Endlich!"

„Ja ... Danke, Samael ..."

Er nickt kurz und ist wieder fort.

„Ho!"

h)   Traumreise zum Mars

Der Planet Mars steht in der Astrologie und weitgehend auch in der Mythologie für Kraft, Kampf, Streit, Lachen, Weinen, Sex, Zittern, Tobsuchtsanfall, Sport, Konkurrenz, Steigerung usw.

„Hallo Mars, ich möchte mehr über Dich erfahren und ich möchte den Mars in mir heilen. Bitte hilf mir dabei."

„O.k. Dann geh als erstes mal raus und jogge ein Stück."

„Hm ... geht das auch noch nach dem Ende unseres Gesprächs?"

„Mir ist es egal, wann Du das tust – und ob Du das tust. Das ist einfach das, was Dir am meisten helfen würde."

„O.k. – ich würde trotzdem gerne erst einmal alles von Dir erfahren, was Du mir sagen und zeigen willst und mich nicht mit Dir in vielen kleinen Stückchen unterhalten. Ist das o.k. so?"

„Du bist der, der etwas will. Mir ist das gleich."

„Kann ich daraus schließen, daß Klarheit in der Motivation auch zu Deinen Eigenschaften zählt?"

„Ich bin strikt gegen Energieverschwendung."

„Du bist also ökonomisch orientiert?"

„In dem Sinne, daß ich stets den effektivsten Weg wähle – ja."

„Und der effektivste Weg kann auch ökologisch und kooperativ sein?"

„Er kann alles sein – und er ist, was er ist. Ich habe da keine Vorliebe dazu, wie dieser Weg ist. Ich wähle einfach den Weg, auf dem ich am effektivsten zu meinem Ziel gelange."

„Woher kommen Deine Ziele?"

„Aus mir."

„Geht das etwas ausführlicher?"

„Ich bin, wer und was ich bin – und das lebe ich."

„Ja ... das verstehe ich ... Wie findet man zu dieser Qualität der Selbsttreue und des Selbstausdrucks, die ja unter anderem auch Mut erfordert?"

„Du sagst es: durch Mut."

„Ja, Mut ist ganz wesentlich für jede Heilung, weil man dafür der Krankheit oder der Verletzung oder dem Trauma entgegentreten muß, Kontakt mit ihr aufnehmen muß und dann noch das eine oder andere zusammen mit ihr tun muß. Das bedeutet ja eigentlich, daß es darum, wie man wieder mutig wird – oder?"

„Ja."

„Und wie geht das?"

„Indem Du genau hinschaust."

„Auf das, was ich bin?"

„Ja – und vor allem auch auf Deinen Wunden und Krankheiten und Traumas – und auf die Verhaltens-Gewohnheiten, die sich daraus ergeben haben."

„Hm – kannst Du mir dabei helfen, da die wesentlichen Dinge zu sehen?"

„Natürlich kann ich das."

„Und das bedeutet, die eigene verborgene Seite zu sehen? Egal, was man verdrängt hat? Egal, ob das nun die eigene dunkle Seite oder die eigene helle Seite ist?"

„Du brauchst Mut, um Deinen Schatten zu begegnen.
Und Du mußt Deinem Schatten begegnen, um mutig zu werden."

„Nett ... Echt nett! ...Und wie bringe ich diesen Kreislauf am effektivsten in Gang?"

„Hemmungsloser Sex."

„Ehm ... stimmt das immer?"

„Nein – das stimmt nur für diejenigen, die ihre Kraft blockiert haben."

„Also für die Asketen, die Opfer und die Fans mit Minderwertigkeitskomplex."

„Ja."

„Und die anderen – die Süchtigen, die Täter, die Stars mit Größenwahn?"

„Schweigen. Zuhören."

„Hm ... also, Mars ... ich habe irgendwie das Gefühl, daß das zwar alles stimmt, aber das wir gerade nicht über das Wesentliche sprechen."

„Tun wir auch nicht."

„Und was ist wesentlich?"

„Die Tat."

„Also Joggen?"

„Ja."

„Da fehlt aber noch was – glaube ich zumindestens. Ich kann joggen und habe das auch schon viel gemacht, aber davon bin ich nicht heil geworden."

„Ja, stimmt."

„Und was ist das, was da noch fehlt?"

„Übertrage die Tat aus dem harmlosen Bereich wie dem Joggen in die Bereiche, die emotional aufgeladen sind."

„Klingt ausgesprochen logisch, aber mir ist noch nicht ganz klar, wie das geht."

„Nimm das Körpergefühl des 'fähigen Handelns' mit."

„Das Körpergefühl des 'fähigen Handelns' ... das klingt gut ... das leuchtet mir ein. An so etwas habe ich noch nie gedacht. Geht das so für alle?"

„Für viele."

„Und die anderen?"

„*Probiert es aus, wenn ihr wollt – und wenn es nicht wirkt, kommt zu mir. Oder kommt direkt zu mir.*"

„*Ja, gut ... Magst Du mir noch etwas zu dem Geburah-Ritual sagen?*"

„*Bewege Dich.*"

„*Wie meist Du das?*"

„*Mache daraus kein andächtiges Ritual – es darf schon stille Teile enthalten – sondern mache daraus eine Geste, eine Bewegung, einen Tanz.*"

„*Also eine Mischung aus den typischen Elementen wie Altären, Pentagrammen, Anrufungen und solchen Dingen und dazu aber Gesten, Bewegungen und Tanz und ähnliches?*"

„*Ja.*"

„*Hm – die Stille für den Teil, bei dem man von Geburah aus nach Tiphareth blickt, und die Bewegung für den Teil, bei dem man nach Chesed blickt?*"

„*Achte auf Lebendigkeit, nicht auf Systematik. Die Systematik ist nur ein Helfer auf dem Weg zur Lebendigkeit.*"

„*Hm, ja ... das verstehe ich ... Das Ritual sollte also wie ein gutes Gedicht in sich schlüssig sein und durch Versmaß, Reime und ähnliches 'schwingen', aber es kommt vor allem darauf an, daß alles klar auf das Ziel ausgerichtet ist und diese Essenz ausdrückt.*"

„*So in etwa.*"

„*Welche Bewegungen würdest Du denn noch außer Tanz empfehlen?*"

„*Nutze das Schwert. Ziehe es aus dem Felsen.*"

„*Hm ... Das 'Schwert im Amboß' aus der Artussage geht auf das 'Schwert im Felsen' zurück und das wiederum auf das 'Schwert im Hügelgrab', das ja aus Steinen erbaut wird. Dieses Hügelgrab, in dem das Schwert liegt, stammt von den West-Indogermanen, also vor allem von den Kelten und den Germanen, bei denen der Sonnengott-Göttervater zu einem Schwertgott geworden ist: Tyr, Nuada, Mars, Ares usw. Dieses Schwert zerbricht im Herbst, wenn der Sonnengott-Göttervater, der auch der Sommergott ist, im Kampf mit dem Wintergott stirbt. Im Winter schmiedet er dann sein Schwert in der Unterwelt neu – das sind die west-indogermanischen Schmiedegötter wie Wieland, Goibniu, Hephaistos, Vulcanus usw. Da sich der tote Göttervater im Jenseits zusammen mit der Erdgöttin wiederzeugt und dann von ihr im Frühling wiedergeboren wird, ist der Göttervater in der Unterwelt auch sein eigener Sohn. Deshalb sind die meisten west-germanischen Schmiedegötter die Söhne des Göttervaters – Hephaistos ist z.B. der Sohn des Zeus.*

Das heißt ja dann, daß ich die ganze Mythologie des Sonnengott-Göttervaters als Schwertgott und Schmiedgott als Grundlage für das Geburah-Ritual benutzen kann. Stimmt das?"

„*Diese Mythologie ist eine Auferstehungs-Mythologie, aber auch die zentrale Schwert-Mythologie.*"

„Ich verstehe so allmählich, daß man Tiphareth, Geburah und Chesed zusammen als Seele auffassen muß. Das bedeutet, daß bei den Ritualen dieser drei Sephiroth die Seelen-Symbolik und auch die Wiedergeburts-Symbolik eine Rolle spielt – auch wenn der Tod selber und auch die Wiedergeburt selber beide zu dem Graben zwischen Seele und Psyche gehören – also zwischen der Seele in Chesed, Geburah und Tiphareth oben und Netzach, Hod und Yesod unten.

O.k., das bringt mich schon mal ein gutes Stück weiter in meinem Verständnis von Dir, Mars, und auch in meinem Verständnis für den Lebensbaum und für das Geburah-Ritual. ... Das Geburah-Ritual ist also ein Schmiedegott-Ritual ... schau einer an ... "

„Vergiß über Deine Freude, eine passende Mythologie gefunden zu haben, nicht Dein zentrales Anliegen. "

„Ja ... Danke für die Erinnerung ... Den Dank meine ich ernst. "

„Ich weiß. "

„Es gibt da noch etwas Wesentliches, oder? "

„Ja. "

„Was? "

„Dich. "

„Ehm ... ja? ... ich verstehe Dich noch nicht so ganz ... "

„Dein Blut. "

„Hm ... Blut ist eine Mars-Analogie ... es ist rot und es enthält Eisen und transportiert den Sauerstoff, der für die Verbrennung in den Zellen notwendig ist, durch die die Energie in den Zellen produziert wird – und 'rot', 'Eisen', 'Blut' und 'Energie' gehören alle zum Mars. Aber was ist mit dem Blut? "

„Trinke. "

„So allmählich weiß ich nicht mehr, ob ich da wirklich etwas von Dir höre, Mars, oder ob sich da meine Phantasie einmischt. "

„Welches Getränk gehört in das Hügelgrab? "

„Der Göttermet ... Ah! Du meist den rituellen Unsterblichkeitstrank? Den Met bei den Germanen und Kelten, den Nektar ambrosia bei den Griechen, den Soma amrita bei den Indern, den Haoma bei den Persern ... und die Milch der Göttin Hathor bei den Ägyptern ... das Lebenselixier bei den Alchemisten ... Dieser Trank war ursprünglich die Milch der Jenseitsgöttin beim Wiederstillen des Toten nach dessen Wiederzeugung mit der Göttin und dessen Wiedergeburt durch die Göttin – dann wurde solch ein Trank im Bestattungsritual getrunken – dann wurde er zu dem Mittel selber, durch das man das ewige Leben im Jenseits erlangt – diese Symbolik findet sich ja auch noch beim Abendmahls-Wein, wobei da aus der Milch der Göttin Christi Blut geworden ist ...

O.k. ... da haben wir 'Blut' und 'trinken' ... und auch bei den Germanen wird in den Göttermet das Blut des Kwasir gemischt ... Der Trank war zuerst nur 'Milch', dann

'Milch und Honig', dann 'Milch, Honig und Blut' und schließlich 'Milch, Honig, Blut und der Saft von psychoaktiven Pflanzen'.

Gut – ich kann sehen, daß diese Symbolik eine Bereicherung für das Geburah-Ritual sein kann. Das muß ich mir noch genauer anschauen.

Gibt es noch etwas Wesentliches, Mars?"

„Du hast das Wichtigste, um daraus ein Fundament zu erschaffen, auf dem Du Deinen Tempel aufbaust."

„Hm ... ich habe nicht damit gerechnet, daß Du manchmal auch eine solche lyrische Art des Sprechens benutzt."

„Ich tue das, was effektiv ist."

„Hm ... ja ... o.k. ... und an dieser Stelle habe ich diese poetische Variante des 'Tu, was Du willst.' am einfachsten verstehen können ...

Danke Mars, vielen Dank!"

„Bitte."

„Ho!"

- - -

„Hallo Mars – ich habe noch eine Frage: Ich meditiere als Vorbereitung auf das Geburah-Ritual zur Zeit, indem ich Deinen Namen als Mantra benutze und mir vorstelle, in einer roten Kugel aus 'Mars-Licht' zu sitzen. Dabei entstehen Druck und Hitze in meinem Kopf – nicht schlimm, aber schon sehr deutlich. Ich vermute, daß das daran liegt, daß ich dazu neige, meine Lebenskraft in meinem Kopf zu stauen anstatt sie gleichmäßig in mir zu verteilen und sie fließen zu lassen. Siehst Du das auch so? Und hast Du einen Rat dazu?"

„Jogge."

„Das bringt das dann ins Lot?"

„Tu's einfach."

„Ja, gut ... Danke. ... Ho!"

Ich bin anschließend an diese Traumreise joggen gegangen – es fiel mir deutlich leichter als in der letzten Zeit und es hat mir ausgesprochen gut getan.

i) Traumreise zu Ares

Ares ist der Schwertgott-Aspekt des griechischen Göttervaters Zeus. Genauso wie sich Zeus' Schwertgott-Aspekt als Ares verselbständigt hat, hat sich auch Zeus' Sonnengott-Aspekt als Helios verselbständigt.

Der römische Mars und der griechische Ares sind ursprünglich derselbe Gott gewesen: „Mares" – bei „Ares" ist das „M" in dem Namen fortgefallen, bei „Mars" das „e".

„Hallo Ares, ich würde gerne Dich und Geburah besser kennenlernen. Kannst und willst Du mir dabei helfen?"

„Was bekomme ich dafür?"

„Hm ... was würdest Du denn gerne dafür haben?"

Ares lacht ... „Nichts."

„Ich habe mich schon gewundert, weil bisher hat noch keine Gottheit und kein Pflanzenelf oder sonstiges Wesen etwas dafür von mir haben wollen, daß es sich mir gezeigt hat."

„Hab Erfolg damit, 'marsischer' zu werden oder 'aresischer'. Das ist das, was ich haben will."

„Ja, das klingt jetzt eher so wie das, wie ich das bisher erlebt habe. Wie werde ich denn Ares-ähnliches?"

„Werde ein Krieger."

„Das sieht nach der irdischen Ares-Version aus – wie sieht denn die Geburah-Version vom Ares-ähnlicher-werden aus?"

„Gelassenheit."

„Das schien mir bisher in Deinen Mythen nicht gerade Deine auffälligste Eigenschaft zu sein ... Wie meinst Du das?"

„Schauen. Dann fühlen. Dann entscheiden. Dann tun. Schnell und effektiv, aber ohne jede Hektik oder Panik."

„O.k. ... es geht also um den Entscheidungs-Modus – der sollte gelassen sein."

„Nur in Gelassenheit siehst Du alles, was für Deine Entscheidung wichtig ist."

„Ja ... das leuchtet ein ... Aber gehört diese Eigenschaft nicht zu Jupiter und zu Chesed?"

„Doch, das tut sie – aber Chesed ist meine Grundlage, ohne die ich nichts entscheiden kann. In Chesed ist alles sichtbar und nichts verborgen. Dieses Wissen brauche ich, um in Geburah die beste Entscheidung treffen zu können."

„Und was ist die wesentliche Eigenschaft eines Kriegers?"

„Mut – und wieder die Gelassenheit."

„Ja – ein Krieger mit Angst ist leicht verletzbar und kämpft niemals optimal, da er sich um sein Leben sorgt und nicht auf den Kampf konzentriert ist. ... Also hemmungslos auf das ausgerichtet sein, was man sein, ausdrücken, leben, umsetzen, erreichen will?"

„Ja."

„Mir scheint, daß das Geburah-Ritual zu einem guten Teil ein Krieger-Ritual werden wird ..."

„Der Krieger ist nicht das Zentrum dieses Rituals – es sei denn, Du definierst 'Krieger' als einen Menschen, der weiß, wer er ist, was er will, und der genau das dann auch tut."

„Das ist eine sehr sympathische Definition von 'Krieger' für mich. In diesem Sinne will ich ein Krieger sein, ja."

„Gut, dann habe ich Dir gesagt, was zu sagen war."

„Hm ... ja ... Danke, Ares."

„Gern geschehn."

„Ho!"

j) Traumreise zu Shiva

Shiva ist ein vergöttlichter Schamane. Dies zeigt sich u.a. daran, daß er mit der Meditation (Yoga), die auf die Jenseitsreise zurückgeht, und mit der Kundalini, deren Erwachen eng mit der Jenseitsreise zusammenhängt, verbunden ist.

„Shiva – kannst Du mir etwas sagen oder zeigen, was mein Verständnis von Geburah und die Heilung des Mars in meinem Horoskop fördert?"

„Ja – aber nicht jetzt."

„Wann dann?"

„Wenn Du meditierst."

„Da werde ich dann alles sehen, was für mich wichtig ist?"

„Da wirst Du das erleben, was ich Dir zeigen will."

„Ja ... gut ... dann gedulde ich mich mal ... Danke. ... ... Ho!"

k) Traumreise zu Sachmet

Sachmet ist eine ägyptische Löwengöttin. Sie ist eine Variante der älteren Panthergöttin Mafdet, die ihrerseits über die jungsteinzeitliche Göttin auf dem Pantherthron von Çatal Höyük (Türkei, 7000 v.Chr.) auf die Göttin mit den beiden Panther von Göbekli Tepe (Türkei, 10.000 v.Chr.) zurückgeht, die damals eine Jagdgöttin gewesen ist.

In Karnak steht noch eine steinerne Sachmet-Statue in ihrem ursprünglichen Tempel – dort kann man Sachmet auf eine sehr intensive Weise erleben.

„Sachmet, kannst Du mir etwas zu den Qualitäten des Mars und von Geburah

sagen oder zeigen?"

„Das hat Dir Maruti schon gezeigt."

„Die Panthergöttin von Göbekli Tepe? Meinst Du die Haltung des Jägers bzw. der Jägerin?"

„Ja."

„Geburah ist also die Haltung des Jägers und der Jägerin ... und des Panthers. ... Einsgerichtet, da die Jagd sonst niemals Erfolg haben wird.

Ist das die Essenz?"

„Ja."

„Ja gut ... das ist schlicht ... das verstehe ich ... wenn man nicht genau weiß, daß man jetzt die Antilope töten wird, damit die eigenen Kinder und die eigene Frau und man selber etwas zu essen hat, wird man niemals Erfolg haben. Die Taten müssen existentiell gegründet sein und die Durchführung muß einsgerichtet sein ... ja, so ist es.

Hm ... ist das Sternbild Orion, daß bei fast allen Völkern ein Jäger ist, der von seinem Hund, dem Stern Sirius, begleitet wird, und der daher noch aus der späten Altsteinzeit stammen muß – ist der ein Urbild für diese Haltung?"

„Ja."

„Also eine Orion-Anrufung ..."

„Nein! Die Orion-Haltung! Die Haltung der Maruti! Meine Haltung."

„Ja ... gut ... darum geht es, ja ... Orion ist nur ein Helfer, um zu dieser Haltung zu gelangen. ... Danke, Sachmet."

„Der Jäger ist das ältere Bild im Vergleich zum Krieger – sehr viel älter. Im Bild des Jägers wirst Du mehr Kraft finden als im Bild des Kriegers."

„Ja, Danke. ... ... Ho!"

l) Traumreise zu Tyr

Tyr ist der Sonnengott-Göttervater der Germanen, der dem griechischen Zeus, dem römischen Jupiter, dem thrakischen Papaios, dem hethitischen Shiun, dem indischen Dhyaus usw. entspricht. Er ist bei den Südgermanen um ca. 300 v.Chr. und bei den Nordgermanen um ca. 500 n.Chr. von Odin abgelöst worden.

„Tyr, kannst Du mir Rat und Hilfe geben, wie ich meinen Mars heilen und in Geburah Fuß fassen kann?"

„Prüfe bei allem, ob Dein Impuls aus Deinem Herzen kommt."

„Klingt sehr umfassend, diese Methode ..."

„Und sei so mutig, nichts zu tun, was nicht aus Deinem Herzen kommt."

92

„Hm ... ja ... gibt es da noch mehr?"
„Das ist die Essenz."
„Ja ... Danke!"
„Bitte."
„Ho!"

m) Traumreise zu den Berserkern

Für diese Traumreise habe ich den Norweger Kved-Ulfr („Abend-Wolf") ausge-wählt, der von 805-878 n.Chr. gelebt hat und der der Großvater des Krieger-Dichter Egill Skallagrimsson war, nach dem die Egills-Saga benannt worden ist.

„Kved-Ulfr, kannst Du mir etwas zu der Kampf-Ekstase der Berserker ('Bärenfell-Männer') und der Ulfhedinn ('Wolfsfell-Männer') sagen?"
„Die tagelange Erschöpfung nach der Kampf-Ekstase kennst Du ja schon. Willst Du wissen, wie Du die Kampf-Ekstase erzeugen kannst?"
„Ja."
„Es hilft, wenn das schon in Deiner Sippe üblich ist – dann ist es leichter zu erler-nen. Sie kommt in Gang, wenn etwas existentiell wird – in der Regel also vor einem Kampf. Aber Du mußt von dem Kampf überzeugt sein, Du mußt Dich im Recht fühlen, Du mußt überleben wollen, Deine Familie schützen wollen – etwas in dieser Art. Sonst wirst Du nicht einsgerichtet. Und Du mußt das Drachenfeuer in Dir wecken."
„Die Kundalini? Die wird ja noch um 400 n.Chr. auf den beiden Goldhörnern von Gallehus dargestellt."
„Das Wecken der Kundalini und das Erwecken der Kampf-Ekstase ist sehr ähnlich – es nicht dasselbe, aber sehr ähnlich."
„Hm – ich habe das Gefühl, daß Menschen mit dem Mars oder evtl. auch noch dem Pluto am Aszendenten es einfacher haben, die Kundalini und die Kampf-Ekstase zu wecken. Du bist zwar kein Astrologe ..."
„Aber das stimmt, ja."
„Ein kriegerisch veranlagter Mensch hat es einfacher, die Kundalini und die Kampf-Ekstase zu wecken. ... Vermutlich haben die Menschen mit dem Mars am Aszendenten auch eine größere Neigung zu Tantra-Yoga und Sexual-Magie?"
„Das gehört alles zusammen."
„Also gehört auch Tantra in das Geburah-Ritual ..."
„Es paßt zwanglos dazu."
„Du bist sehr freundlich und fast sanft – das scheint mir für einen Wikinger, der zudem noch ein Ulfhedinn ist, recht ungewöhnlich."

„Du sprichst nicht mit einem Wikinger, sondern mit dem Geist eines Wikingers."

„Die Wikinger-Geister sind in den Sagas aber auch nicht gerade friedlich."

„Das sind ja auch die ruhelosen Geister von Ermordeten u.ä."

„Hm, ja ... aber eigentlich wollte ich ja etwas über Mars und Geburah erfahren. ... Also Einsgerichtetheit, die von keinerlei Zweifeln gestört wird, ist notwendig. ... Sonst noch etwas?"

„Ja, Du brauchst noch eine Methode der Steigerung."

„Trommeln, Stampfen, Brüllen und solche Dinge? In den Schildrand beißen?"

„Ja – und die Methode muß für Dich passen. Meist ist sie rhythmisch wie Stampfen und Trommeln, manchmal ist sie aber auch einfach ein 'sich in ein Gefühl hinein-steigern' wie beim Brüllen. Und dabei das Ziel im Auge behalten: das Erwecken der Kundalini, das Töten des Feindes und ähnliches."

„Ja ... das leuchtet ein ... also die Einsgerichtetheit und die Steigerungs-Methode. Kannst Du noch etwas dazu erzählen?"

„Ich könnte Dir noch viele Anekdoten erzählen, aber das Wesentliche habe ich Dir gesagt."

„Danke, Kved-Ulfr!"

„Bitte. Und komm gerne wieder."

„Ja, Danke. ... ... Ho!"

n) Traumreise zu den Shaolin

Diese Traumreise führt zu dem buddhistischen Mönch Bodhidharma, der um 527 n.Chr. das erste Shaolin-Kloster, das in Ostchina am Hang des Berges Shaoshi liegt, gegründet hat.

„Bodhidharma – magst Du mir etwas über die Haltung sagen, die entsteht, wenn man in Geburah zuhause ist?"

„Frieden."

„Oh ... ehm – ist Geburah nicht eher mit dem Kampf verbunden?"

„Geburah ist nicht Kampf, Geburah ist einsgerichtete Effektivität. Und Kampf ist immer nur das letzte Mittel. Versuche es immer erst mit Gleichmut, Freundlichkeit, Liebe und Freude."

„Die vier grenzenlosen Qualitäten eines Erleuchteten ..."

„Ja."

„Das hat Buddha beschrieben. Und das ist die Qualität von Geburah?"

„Nein, Geburah ist die Notwendigkeit, die Einsgerichtetheit zu erreichen, um effek-tiv im Handeln zu sein. Und manchmal ist dieses Handeln eben auch ein Kampf."

„Das heißt, ein Shaolin strebt in allem, was er macht, stets nach Aufrichtigkeit, Eindeutigkeit, Einsgerichtetheit und daher auch nach Effektivität?"

„Ja."

„Diese innere Haltung sieht man ja auch bei dem 'Shaolin-Versuch', den ich schon beschrieben habe. Es geht also um eine innere Klarheit. Eine Einsicht, die bis zu den Wurzeln hinabreicht, wodurch man eine vollkommene Eindeutigkeit erlangt. Und diese Eindeutigkeit bewirkt Wunder – so wie bei dem 'Shaolin-Versuch', bei dem man jemanden, der sich nicht darum kümmert, daß er festgehalten wird, nicht festhalten kann."

„Ja – das ist wirkliche Eigenständigkeit. Du bestimmst Dein Leben."

„Das Entscheiden, das in Geburah stattfindet, ist mir im Verlauf dieser Traumreisen immer deutlicher geworden.

Magst Du mir noch etwas sagen, Bodhidharma?"

„Wenn die passende Gelegenheit dazu kommt ... aber nicht jetzt."

„Vielen Dank!"

„Bitte."

„Ho!"

o)   Traumreise zu Elias

Elias war ein Prophet im Alten Testament, der viele Wunder vollbracht hat, aber auch ziemlich rabiat mit Andersdenkenden umgegangen ist und sie manchmal getötet hat.

„Elias, möchtest Du mir etwas zu Elohim Gibor sagen?"

„Er ist der schützende Gott, der kriegerische Gott, der zerstörende Gott."

„Mir scheint, daß Du ihm recht nah bist ..."

„Ja."

„Du hast ja die Fähigkeit, ganz auf Gott zu vertrauen und ohne Nahrung in die Einöde zu gehen, um dort monatelang zu beten. Und Du vertraust auf Gott, daß er durch ein Wunder einen nassen Holzstapel entzündet ..."

„Gott ist mit mir."

„Hm ... das ist Deine Form der Einsgerichtetheit oder?"

„Nicht nur meine."

„Ja, viele Propheten und Religionsgründer und ähnliche Menschen haben diese Form der Einsgerichtetheit, die vollkommen auf Gott vertraut ... Was ist das auf dem Lebensbaum?"

„Geburah ist die Sephirah, die Kether am ähnlichsten ist."

„Das ist ein Zitat aus dem Sepher Yezirah. ... Ja, wenn man das bejaht und diese Haltung einnimmt, kann man Wunder tun – einfach, weil man vollkommen einsgerichtet ist und sich nicht mehr um die Naturgesetze und ähnliches kümmert ... dann kann man Tote erwecken, Wasser in Wein verwandeln, unbeschadet Gift trinken, Tote erwecken und was Du, Dein Schüler Elisa, Christus und allerlei andere Yogis, Magier und Schamanen sonst noch so alles vollbracht habt ...

Das fühlt sich jetzt aber so an, als würde das schon über Geburah hinausgehen ...“
„Das ist Geburah, wenn Du in Kether angekommen bist.“
„Ja ... Danke, Elias ... das ist noch mal ein neuer Aspekt gewesen. Danke.“
„Bitte.“
„Ho!“

p) Ergebnisse

Traumreisen zeigen zwar die allgemeine Symbolik eines Themas, aber diese Symbolik wird durch die persönlichen Erlebnisse mit diesem Thema variiert. So ist z.B. in den Traumreisen von mir und Jörg die Burg ein allgemeines Symbol von Geburah – daß sie jedoch teilweise verfallen ist, stellt die Erlebnisse von Jörg und mir mit Geburah dar.

Der Drache in der Burg

Geburah erscheint in der Traumreise als eine felsige Berglandschaft, in der eine Burg steht. Unten am Berg stehen Eichen, Birken und einige Buchen, oben Fichten und vereinzelt Kiefern. Es sind auch einige Haselsträucher zu sehen – sie stehen eher unten am Berg.

Auf dem Weg dorthin befindet sich eine erst kürzlich verbrannte Blockhütte sowie andere Ruinen. Es sind keine Menschen und keine Tiere zu sehen.

Die Burg ist alt, aber teilweise schon verfallen, also schon lange unbewohnt und ungenutzt. Sie hat einen äußeren und einen inneren Zwinger und einen ungewöhnlich großen Burghof.

Unter dem Burghof befindet sich ein Raum mit halbvermoderten Leichen und mit zerbrochenem Waffen und zerbrochenem Mobiliar sowie einem riesigen Drachen. Dieser Raum ist offenbar die Schattenseite dieser Burg, das verdrängte und verborgene Aspekt von Geburah. Daher ist der Eingang zu diesem Raum auch ein Loch im dem Boden des Burghofes gegenüber des Eingangstores.

Der Drache ist die Geburah-Essenz – und er ist nicht die Ursache der Zerstörung der

Burg. Der Drache weckt zunächst Furcht in Jörg und mir, aber er ist unsere Kraft. Er hüllt mein Schwert in seine Lohe ein und weiht es auf diese Weise.

Die Geburah-Kugel

Geburah erscheint als eine große Kugel aus einer zähen, langsamfließenden Flüssigkeit, die eine Ausstrahlung wie eine Apachenträne (Rauchobsidian) hat. Dieser Stein ist ein plötzlich erkalteter Tropfen Lava – die ursprüngliche, unveränderte Form von Gestein. In der Steinheilkunde weckt er daher die ursprünglichen Impulse wieder auf. Seine Wirkung ist ähnlich wie die des Feueropals.

In der Kugel ist ein Sitz. Dort ist das Bewußtsein ganz auf die bevorstehende Inkarnation ausgerichtet.

Feuer und Tanz

Das innere Feuer scheint ein zentrales Element zu sein, das auch mit der Kundalini und somit mit dem Drachen verbunden ist.

Mit dem Feuer sind auch Bewegung und Tanz eng verwandt und somit auch die Wahrnehmung und das Zuhause-sein im eigenen Körper.

Mythologie

Die zentrale Mythe des Geburah-Rituals ist die Mythologie des Sonnengott-Göttervaters als Schmiedegott in der Unterwelt mit dem Neuschmieden des zerbrochenen goldenen Sonnen-Schwertes des Göttervaters, mit dem Hügelgrab, das auf die Schwitzhütte zurückgeht (evtl. auch ein Steinkreis) sowie mit der Symbolik des Göttermets, der aus Milch, Honig, Blut und Pflanzensäften besteht.

Grundlage und Ergebnis

Die Grundlage für Geburah ist Chesed: Dort sind alle Dinge einschließlich der eigenen früheren Inkarnationen sichtbar. Die Konzentration auf Chesed fördert die Gelassenheit.

Das Ergebnis von Geburah ist Tiphareth: ein Entschluß einschließlich des Entschlusses zu einer konkreten Inkarnation. Die Konzentration auf Tiphareth fördert den Mut.

Die Göttin

Zu Geburah gehört auch die gesamte Jenseits-Mythologie einschließlich der Wiederzeugung des Toten (und des Sonnengottes) mit der Jenseitsgöttin, seiner Wiedergeburt durch sie und sein Wiederstillen durch sie.

Weiterhin könnte auch die Polarisierung der Jenseitsgöttin in die gefürchtete Todesgöttin und in die ersehnte Wiederzeugungs-Liebesgöttin ein Thema ein: Ama und Aima (=Shekinah) in Binah, d.h. in der Kabbala; Hel und Freya bei den Germanen; Hekate und Aphrodite bei den Griechen; Rati und Kali in Indien usw.

Das Tantra-Yoga ist eine Weiterentwicklung der Wiederzeugungs-Symbolik und könnte daher auch ein Element des Geburah-Rituals sein.

Jäger und Krieger

Der Jäger und später dann auch der Krieger sind die Urbilder für den Menschen, der genau weiß, was er will und das dann auch tut. Er ist voll bewußt mit seinen existentiellen Wurzeln verbunden: sein eigenes Überleben und das seiner Familie und seiner Sippe. Das gilt natürlich auch für die Jägerin und die Kriegerin.

Der Jäger und der Krieger sind auf eine sehr existentielle Weise sich selber treu. Idealerweise folgt man mit dieser Einsgerichtetheit dem, was aus dem eigenen Herzen kommt.

Kampf-Ekstase

Die Kundalini und auch die Kampf-Ekstase, die beide zum Mars gehören, werden durch die Einsgerichtetheit und durch eine Steigerungs-Methode erweckt. Dazu gehören auch die Einsgerichtetheit und die Effektivität im Handeln. Dies ist auch die Grundlage von Magie und Wundern – wobei man zum Vollbringen von Wundern mindestens bis Da'ath gelangt sein muß.

C   Die Entwicklung des neuen Rituals

Die Struktur und die Dynamik des „Adeptus Major"-Rituals ergibt sich zum Teil schon aus den vorigen Kapiteln. Im Folgenden werden diese Strukturen genauer betrachtet und zu der Grundlage für ein Ritual weiterentwickelt.

Der erste Teil dieser Betrachtungen hat seine Wurzeln in Geburah (d.h. in meinem Verständnis von Geburah), der zweite Teil ist der Vergleich mit dem „Adeptus Major"-Ritual des Golden Dawn und evtl. die Übernahme von einzelnen Elementen aus dem Ritual des Golden Dawn.

1.   Allgemeine Elemente

Das erste, was klar sein sollte, wenn man ein Ritual entwirft, ist das Ziel: Was will man erreichen?

Bei einem Einweihungs-Ritual ist das im Allgemeinen die eigene Weiterentwicklung – wobei es natürlich sehr verschieden sein kann, was die einzelnen Menschen darunter verstehen … Bei allen Unterschieden wird es jedoch letztlich darauf hinauslaufen, daß man in einem neuen Bereich sowohl wahrnehmungsfähig als auch handlungsfähig wird.

Dieser Bereich, in dem man durch das „Adeptus Major"-Ritual anstrebt, wahrnehmen und handeln zu können, ist Geburah.

Die Fähigkeit, diesen Bereich wahrzunehmen, kann man dadurch fördern, daß man zum einem in dem Ritual alles in möglichst sinnvoller Weise angeordnet darstellt, was man bereits über diesen Bereich weiß, und zum anderen alle „Kräfte" (Elemente, Geister, Götter usw.) ruft, die zu diesem Bereich gehören.

Die Fähigkeit, in diesem Bereich zu handeln, entsteht u.a. dadurch, daß man mit diesem Bereich vertraut wird – durch Traumreisen, Anrufungen, Anwendungen u.ä. und natürlich auch durch ein Geburah-Ritual.

Sehr wahrscheinlich wird man dabei das Geburah-Ritual als Schritt auf einem umfassenderen Weg auffassen. Dieser Weg wird bei einem Geburah-Ritual ziemlich sicher der kabbalistische Lebensbaum sein. Die wesentlichen Schritte werden dabei durch die Mittlere Säule dargestellt – die „Hilfs-Schritte" durch die beiden äußeren Säulen.

Die Schritte auf der Mittleren Säule sind (wobei der Weg in der folgenden Übersicht von unten nach oben führt):

Die Mittlere Säule		
Sephirah	*eigener Anteil*	*Begleiter*
Kether	Gott	---
Da'ath	Schutzgottheit	alle anderen Gottheiten
Tiphareth	Seele	Seelen, die „Kinder" derselben Schutzgottheit sind
Yesod	Astralkörper	Krafttier, Kraftpflanze, Kraftstein
Malkuth	Leib	Geliebte, Freunde und Verwandte

Das Grundprinzip des Geburah-Rituals ist somit schon deutlicher geworden: möglichst klar die Struktur und die Dynamik zu inszenieren, d.h. die Form von Geburah möglichst markant und die Dynamik von Geburah möglichst intensiv darzustellen.

Als Folge der Teile des Rituals bieten sich z.B. „Feuer – Mars – Geburah – Samael – Elohim Gibor" an. Samael ist der Name des Erzengels des Mars und von Geburah; Elohim Gibor ist der Gottesname, der Geburah entspricht.

Die Darstellung des Tempels als Geburah einschließlich der vier Tore, die den vier Pfaden entsprechen, die Geburah mit Hod, Tiphareth, Chesed und Binah verbinden – so wie dies in den Einweihungs-Ritualen des Golden Dawn üblich ist – ist sicherlich ebenfalls ausgesprochen förderlich.

Dann gibt es in Geburah wie in allen anderen Sephiroth auch zwei Dynamiken: Die Schlange der Weisheit, die den Lebensbaum hinaufsteigt und somit mit der Weitung der Wahrnehmung verbunden ist, und den Blitzstrahl der Schöpfung, der den Lebensbaum hinabfließt und der vor allem mit dem Handeln verbunden ist.

Es gibt somit in Geburah einen Wahrnehmungs- und Weitungs-Aspekt und einen Entscheidungs- und Handlungs-Aspekt. Diese beiden Aspekte kann man im Ritual naheliegenderweise durch Schlange und Blitz symbolisieren. Evtl. werden diese beiden Entwicklungsrichtungen auch durch zwei Personen verkörpert.

Von Geburah nach Tiphareth: Entscheidung, Intensität, Einsgerichtetheit.

Von Geburah nach Chesed: Weitung, Entspannung, Heimkehr.

Geburah ist der Bereich, in der eine Gruppe von Gleichberechtigten (Chesed) miteinander spricht, berät, streitet, kämpft und schließlich entscheidet, wodurch eine bestimmte Richtung eingeschlagen und ein bestimmter Entschluß (Tiphareth) umgesetzt wird.

Da Chesed, Geburah und Tiphareth gemeinsam der Bereich der Seele sind, ist der aufsteigende Impuls, also die Rückkehr nach einer Inkarnation (Tiphareth = Seele während eines konkreten Lebens) nach Geburah das, was man das Fegefeuer nennt, das noch-einmal-Erleben des vergangen Lebens, das „Herausfiltern" und „Destillieren" dessen, was aus diesem Leben an „Karma" mitgenommen wird usw.

Durch den absteigende Impuls werden die intensivsten Wünsche und die intensivsten Prägungen („Karma") der früheren Inkarnationen (Chesed) in Geburah miteinander verglichen und kombiniert und daraus dann der Entwurf einer neuen Inkarnation erschaffen – inklusive der Wahl der Kultur, der Eltern, des Horoskops, der Freunde, der wichtigen Ereignisse im Leben usw.

Es liegt daher nahe, das Geburah-Ritual zweiteilig durchzuführen – einmal die „Verdauung" der letzten Inkarnation und zum anderen die Gestaltung der nächsten Inkarnation.

Zu der Gestaltung des Tempels gibt es noch ein paar naheliegende Möglichkeiten:

- Die Symbole Feuer und Mars, die Farbe Rot, das Metall Eisen, die Tarotkarten, die den zwei Pfaden entsprechen, die zu Geburah führen, und ähnliches mehr gehören zur „Grundausstattung" eines Geburah-Tempels.

- Man kann sich an den eigenen Geburah-Traumreisen orientieren. Das wäre in meinem Fall das Motiv der Burg, aber noch mehr die Planeten-artige Kugel, in der sich der Sitz befindet und in der der Plan für die nächste Inkarnation vor sich hin gärt und allmählich reift.

- Da sich die Geburah-Kugel, die Jörg und ich auf unserer Traumreise gesehen haben, wie eine Apachenträne (= Rauchobsidian) angefühlt hat, könnte man in den acht Ecken des Raumes (vier am Fußboden und vier an der Decke) jeweils eine Apatschenträne anbringen und mit deren Qualität (z.B. mithilfe von energetischen Feng-Shui) den Raum prägen. Die Apachenträne ist ein Tropfen Lava, der ins Meer gefallen und dort zu Glas erstarrt ist. Dieser Stein ist die ursprünglichste und am wenigsten weiterverwandelte Form eines Steines und weckt daher das im Menschen, was er ursprünglich einmal gewollt hat. Er ist somit ein „Pluto-Stein".

Der Feueropal entsteht in eisenhaltigen Geysiren. Ein Geysir ist heißes, aufsteigendes Wasser – das entspricht der Kundalini. Das Eisen in ihm, das dem Feueropal seine rote Farbe gibt, ist weiterhin eine Mars-Entsprechung.

Man könnte daher für den niedersteigenden, schöpferischen Teil des Rituals (Blitzstrahl) acht Apachentränen verwenden und für den aufsteigenden, erkennenden Teil des Rituals acht Feueropale.

Man kann natürlich auch einfach nur je einen dieser Steine auf den Altar legen.

- Ein weiteres Symbol von Geburah ist der Drache, der vor allem der

„Schlange der Weisheit", die mit der Kundalini identisch ist, entspricht. Da der Feueropal die Sexualität und die Kundalini weckt, könnte man den Feueropal auch „Drachenstein" nennen.

Es liegt nahe, diesen Drachen während des Rituals zu invozieren.

- Man kann – wie in den Einweihungs-Ritualen des Golden Dawn üblich, auch die Sprüche aus dem Sepher Yezirah, die die 10 Sephiroth und die 22 Pfade beschreiben, im Ritual benutzen.

Geburah wird in diesen Sprüche als die Sephirah beschrieben, die Kether am ähnlichsten ist: In Kether ist die Einheit und die Wurzel der Welt – in Geburah wird der weitere Lauf der Dinge entschieden. Geburah ist der Planet Mars zu geordnet – Kether ist der Planet Pluto, die „höhere Oktave" des Mars, zugeordnet.

Goethe hat die Mars/Geburah-Qualitäten prägnant zusammengefaßt: „Am Anfang war die Tat."

- Das Geburah-Ritual sollte auch etwas Kriegerisches haben: Burg, Schwert, Feuer, Mars, Drache usw. Diese Elemente könnten auch im Tempel auftauchen.

Geburah ist auch die Sphäre der Verwandlung: Hier wird aus den vielen Möglichkeiten und Impulsen der bisherigen Inkarnationen heraus (Chesed) die konkrete nächste Inkarnation (Tiphareth) beschlossen.

In den Erinnerungen von Menschen an die Zeit vor ihrer Zeugung findet sich an dieser Stelle eine Art „Konzentration auf das nächste Leben", also allgemeiner formuliert eine Einengung der vorher sehr weiten Perspektive auf das nächste konkrete Vorhaben.

In Berichten über Nahtod-Erlebnisse und über Erinnerungen an den Tod in einem früheren Leben finden sich an dieser Stelle das noch-einmal-Erleben des vergangen Lebens und ein allmähliches Loslassen des vergangen Lebens sowie eine allmähliche Weitung der eigenen Perspektive.

An dem Übergang selber, also bei der Zeugung und bei dem Verlassen des Körpers beim Tod, wird oft ein Wirbel von Lebenskraft erlebt, der manchmal mit der Vision eines Tunnels verbunden ist.

Sehr wahrscheinlich gehört zu Geburah auch die Haltung des weisen Kriegers, der stets das tut, was er will, und der dadurch einen beständigen inneren Frieden hat, der unabhängig von dem Erfolg des eigenen Handelns ist.

Die Worte aus meiner Solo-Traumreise nach Geburah könnten in das Geburah-Ritual aufgenommen werden.

Die Symbolik des Ritters und der Schwertweihe durch das Drachenfeuer gehören ebenfalls zu der Geburah-Thematik.

Als letzter Punkt könnten in einem Geburah-Ritual auch Kriegstänze vorkommen.

2. Elemente aus dem Ritual des Golden Dawn

Das Folgende sind die Elemente aus dem „Adeptus Major"-Ritual des Golden Dawn, die möglicherweise auch ein Bestandteil des neu geschaffenen „Adeptus Major"-Rituals sein könnten.
Diese Elemente sind in etwa ihrer Wichtigkeit nach geordnet.

Im Zentrum steht Elohim Gibor.

Das Ritual nimmt Bezug auf die Mythologie: Osiris => Jesus => Christian Rosenkreuz.

Die Repräsentation der drei Seelen-Sephiroth Chesed, Geburah und Tiphareth durch drei Adepten, die das Ritual leiten, ist ausgesprochen naheliegend.

Das Gewölbe in dem Ritual und der Sarkophag in dem Gewölbe entspricht dem Raum unter dem Burghof sowie der Geburah-Kugel in den Traumreisen.
Sollte man das Gewölbe, den Sarkophag und das Liegen in ihm vielleicht nicht als „Tod und Auferstehung", sondern allgemeiner als Jenseitsreise auffassen? Dann würde die Symbolik passen.
Das Liegen in dem Sarkophag entspräche dann in der Traumreise dem Gefühl des Wartens, Vorbereitens und Ausrichtens in der Geburah-Kugel.
Die Weihung des Gewölbes vor dem Ritual ist ein überzeugendes Element.

Die beiden Eingangs-Säulen stellen die beiden Säulen Boas und Jachin am Eingang zu Salomos Tempel sowie die beiden äußeren Säulen des kabbalistischen Lebensbaumes dar. Sie sind generell ein naheliegendes Symbol für einen Tempeleingang.
Diese beiden Säulen entsprechen den beiden Pylonen (Türmen) vor dem Eingang der ägyptischen Tempel, den beiden großen Menhiren vor einer Steinreihe, den beiden Türmen am Eingang einer Kirche usw. und gehen letztlich auf die beiden Panther der Jagd- und Muttergöttin vor dem Eingang der Tempel von Göbekli Tepe (9.500 v.Chr.) zurück. Der Weg zu dem Tempelinneren, der zwischen ihnen beginnt, stellte ursprünglich die Vagina der Göttin dar, die zu der Gebärmutter, also zu dem Tempelraum führt. Dieser Tempelraum ist ursprünglich das Innere der Schwitzhütte gewesen.
In dem Zusammenhang mit dem Geburah-Ritual sind die beiden Säulen jedoch nur ein Symbol des Tempel-Eingangs.

Der blaue Vorhang mit oranger Sonne auf orangem Kreuz, der in dem Geburah-Ritual des Golden Dawn in dem Eingang zu dem rot ausgekleideten Mars-Raum, also zu dem Gewölbe, hängt, ist ein Symbol des Sonnenaufgangs, der Wiedergeburt und auch das Symbol des Golden Dawn selber.

Der schwarz eingehüllte Sarg und die symbolische Mumifizierung veranschaulichen die Jenseitsreise. Derartige Symboliken und Gesten/Handlungen haben oft eine größere Wirkung als bloße Worte – darauf beruhen letztlich alle Rituale.

Die Symbolik der 36 Stunden ist unklar. Falls es wirklich Stunden sind und nicht nur einfach deutlich kürzere „Zeitspannen", stellt sich die Frage, wie man z.B. das Bedürfnis, zur Toilette zu gehen, geregelt hat.

Es gibt solche Sarkophage auch in älteren Kulten. Ein bekanntes Beispiel findet sich an den Externsteinen, an denen sich ein Fels befindet, in den ein Loch gehauen wurde, das die Form eines Menschen hat, sodaß man sich dort hineinlegen konnte, woraufhin über diesen Menschen in seinem Grab eine Steinplatte als Sargdeckel gelegt werden konnte. Es ist natürlich unbekannt, wie lange man in diesem Steinsarg gelegen hat. Nach 36 Stunden dürfte man jedoch völlig unterkühlt gewesen sein.

Diese 36 Stunden entsprechen den 120 Jahren, die Christian Rosenkreuz der Überlieferung zufolge in seinem Sarg verborgen gelegen hat.

Die Lamas in Tibet lassen sich für Monate oder Jahre in einem kleinem Raum einmauern, in dem sie meditieren und keinerlei Außenkontakt haben. Ihnen wird lediglich täglich Essen gereicht.

Das Schweigen des Einzuweihenden ist eine naheliegende Ausweitung der Jenseitsreise-Symbolik, die sich auch in manchen (nordischen) Mythen findet, in der der Held den ganzen Winter über schweigt oder taub ist oder faul daliegt. Diese Symbolik geht auf das Liegen des toten Sonnengottes in seinem winterlichen Hügelgrab zurück.

Die Taufe des Bittstellers durch die Shekinah-Priesterin (mit Wasser beträpfeln) macht deutlich, daß es sich bei dem Aufenthalt in dem Sarkophag um eine symbolische Jenseitsreise handelt. Die Taufe geht auf das Überqueren des Jenseitsflusses zurück, der oft auch durch die Fahrt eines Kindes, das später ein Prophet oder ein König wird, über einen Fluß dargestellt wird. Der bekannteste Fall ist vermutlich Moses in seinem Weidenkörbchen auf dem Nil.

Die Darstellung des Loslassens durch das Verlöschen der Kerzen auf dem Weg zum Gewölbe mit dem Sarkophag ist eine einprägsame Symbolik.

Ein weiteres sinnvolles Element ist die Invokation der jeweils verkörperten Gottheit durch die drei Adepten, die Chesed, Geburah und Tiphareth repräsentieren. Dies entspricht der Weihung des Gewölbes.

Die Verwendung der Tarot-Karten zur Illustration der Pfade ist ein beliebtes und auch eindrückliches Hilfsmittel – auch wenn die Karten den Pfaden nicht allzu präzise entsprechen.

Die Symbolik der Öllampe ist für eine „Lichtbringerin" naheliegend. Es stellt sich allerdings die Frage, ob man Shekinah eine solch zentrale Rolle in dem Geburah-Ritual geben will.

Die Verwendung einer Glocke ist praktisch, um das Ritual zu gliedern – auch die zunehmende Anzahl von Glockentönen ist eine gute Idee.

Die Verpflichtung zur Einhaltung von Ordens-Regeln fällt natürlich fort, wenn man das Ritual nicht als Teil der Zeremonien eines Ordens durchführt.

- - -

Zu der Elemente-Symbolik der beiden Säulen wäre noch zu sagen, daß auf der linken Säule zwar Binah und Hod Formen („Wasser") darstellen, aber Geburah in der Mitte zu den Kräften („Feuer") gehört. Bei der rechten Säule ist dies umgekehrt – Chokmah und Netzach sind Kräfte und Chesed ist eine Form.

Dies liegt daran, daß sich auf dem Lebensbaum Formen und Kräfte stets abwechseln:

Form und Kraft auf dem Lebensbaum		
Einheit, Entfaltung, Vielheit	*Einheit, Bereiche, Vielheit*	*Sephiroth*
Kether - *Form*	Kether - *Form*	Kether - *Form*
Entfaltung - *Kraft*	Gottheit - *Kraft*	Chokmah - *Kraft*
		Binah - *Form*
		Da'ath - *Kraft*
	Seele - *Form*	Chesed - *Form*
		Geburah - *Kraft*
		Tiphareth - *Form*
	Psyche - *Kraft*	Netzach - *Kraft*
		Hod - *Form*
		Yesod - *Kraft*
Malkuth - *Form*	Malkuth - *Form*	Malkuth - *Form*

In der Mitte der Säule des Wassers brennt Feuer – und in der Mitte der Säule des Feuers fließt Wasser.

Diese Symbolik entspricht der Symbolik des Yin/Yang-Zeichens: In dem weißen Yang ist in der Mitte der schwarze Punkt des Yin – und in dem schwarzen Yin ist in der Mitte der weiße Punkt des Yang.

3. Der Aufbau des Rituals

Nach diesen Betrachtungen kann nun das Ritual selber entworfen werden. Dabei gibt es eine Reihe von Schritten:

a) die Formulierung des Grundthemas

b) die Festlegung des Roten Fadens des Rituals

c) die Festlegung der Abschnitte des Rituals

d) die Vorgänge in den einzelnen Abschnitten

Auf dieser Struktur aufbauend kann dann schließlich das Ritual selber formuliert werden.

Die Vielfalt der Geburah-Symbolik, die in den bisherigen Betrachtungen in diesem Buch gefunden worden sind, macht eine starke Verdichtung dieser Symbolik notwendig, damit dieses Ritual nicht übermäßig lang wird.

a) die Formulierung des Grundthemas

Das Grundthema ist Geburah.

Die beiden Aspekte von Geburah sind der Weg von Chesed über Geburah nach Tiphareth und der Weg von Tiphareth über Geburah nach Chesed.

Die Aspekte des Themas selber sind die Wiedergeburts-Mythen des Sonnengott-Göttervaters, also die Wiederzeugung (evtl. einschließlich Tantra und Kundalini), die Wiedergeburt und das Wiederstillen.

Zu diesem Thema gehört als Szenerie das Hügelgrab, der Steinkreis und der Göttermet.

Ein Aspekt dieses Themas ist weiterhin der Schmiedegott, das zerbrochene und neugeschmiedete Schwert und dessen Weihung durch das Drachenfeuer.

Weitere „Wesen", die eine wichtige Rolle spielen, sind Elohim Gibor, Samael, Mars und Orion sowie evtl. weitere Gottheiten wie Ares und Sachmet.

All dies sind Aspekte von Geburah.

b) die Festlegung des Roten Fadens des Rituals

Der rote Faden ist das Erreichen der Geburah-Qualität durch den Einzuweihenden.

Der Einzuweihende gelangt von Tiphareth aus nach Geburah – das entspricht der „Schlange der Weisheit".

Dann erlebt er die Qualitäten von Geburah, wozu auch die Schwertweihe durch das Drachenfeuer gehört.

Schließlich kehrt er von Geburah wieder nach Tiphareth zurück – das entspricht dem „Blitzstrahl der Schöpfung", der auch „Schwert der Schöpfung" genannt wird.

c) die Festlegung der Abschnitte des Rituals

Die Grobeinteilung ist zum größten Teil schon im vorigen Anschnitt beschrieben worden. Sie muß noch durch einige Elemente ergänzt werden:

- Vorbereitung des Tempels
- Anrufung des Feuers (Feuer-Pentagramme)
- Anrufung des Mars (Mars-Hexagramme)
- Anrufung von Elohim Gibor und Samael

- Reise des Einzuweihenden von Malkuth über Yesod nach Tiphareth

- der Einzuweihende kommt nach Geburah, er blickt nach Chesed
    (Schlange der Weisheit, Kundalini, Tantra, Wiederzeugung)
- der Einzuweihende erlebt die Qualitäten von Chesed
    (Schwertweihe, Hügelgrab, Steinkreis, Neuschmieden des
    zerbrochenen Schwertes, Schwertweihe, Ritterschlag)
- der Einzuweihende ist in Geburah, er blickt nach Tiphareth
    (Wiedergeburt, Wiederstillen, Göttermet)

- Rückkehr nach Tiphareth und weiter über Yesod nach Malkuth

d) die Vorgänge in den einzelnen Abschnitten

In diesen roten Faden müssen nun die vielen einzelnen Themen auf eine schlüssige und sich gegenseitig verstärkende Weise eingefügt werden. Dieser Vorgang ist gleichzeitig dem Lösen einer Gleichung, dem Entwurf eines Bildes und dem Verfassen eines Gedichtes sehr ähnlich.

A Die Eröffnung des Tempels

1. Vorbereitung des Tempels
    a) Kleines Pentagramm-Ritual, Insel-Symbolik
    b) Apachentränen im Tempel auslegen und den Raum mit ihrer Qualität ausfüllen (Feng Shui)

2. Weihung des Tempels
    a) Anrufung des Feuers (Feuer-Pentagramme)
    b) Anrufung des Mars (Mars-Hexagramme)
    c) Anrufung von Elohim Gibor (längere Anrufung)

3. Invokationen der drei Adepten
    a) Schlangen-Priester: Schlange der Weisheit
    b) Feuer-Priester: Blitzstrahl der Schöpfung
    c) Geburah-Priester: Elohim Gibor, Samael

B Die Reise von Malkuth nach Geburah („Exkarnation")

3. Reise des Einzuweihenden von Malkuth über Yesod nach Tiphareth
    a) der Einzuweihende wird von dem Schlangen-Priester (Repräsentant der „Schlange der Weisheit") auf diesem Weg geleitet; sie überqueren den Jenseitsfluß; dort ist der Schlangen-Priester der „Fährmann mit zwei Gesichtern" (Charon); der Jenseitsfluß ist mit dem Tor mit zwei Säulen identisch; zwischen den Säulen hängt ein blauer Vorhang mit goldener Sonne (Sonnen-Untergang)
    b) Identifizierung des Einzuweihenden mit dem Sonnengott-Göttervater am Abend: seine Arme, seine Hände und sein Kopf sind abgeschlagen worden und sein Schwert ist zerbrochen; Symbolik des Totengeistes als Schlange und als Seelenvogel (Tod: Verwandlung des Sonnenvogels in die Sonnenschlange)
    c) Anblick von Ama und Aima, Hel und Freya, Hekate und Aphrodite, des

Teufels Großmutter und Maria usw.

C Geburah

4. der Einzuweihende kommt nach Geburah, er blickt nach Chesed

a) Herausdestillieren der Essenz des letzten Lebens; Weitung, Entspannung, Heimkehr, Gelassenheit, Ruhen, Loslassen; Fegefeuer, Karma, Rückschau, Verdauung; Lebenskraft-Wirbel

b) 4 von 5 Kerzen verlöschen; stehen in einem Pentagramm (vier Elemente plus Quintessenz)

b) Pfade von Binah nach Geburah und von Chesed nach Geburah; Tarot-Karten

c) Sprüche aus dem Sepher Yezirah zu den beiden Pfaden

d) Zeit des Schweigens

e) Erwachen der Kundalini, frei fließen

f) die Jenseitsgöttin kommt, Wiederzeugung

5. der Einzuweihende erlebt die Qualitäten von Chesed

a) Burg, Kugel, Hügelgrab, Steinkreis, Gewölbe unter dem Burghof, Vulkan, Bauch der Göttin (Sarkophag); in der Göttin ruhen, Schwangerschaft in ihr

b) eine Kerze brennt; inneres Feuer

c) Geburah-Anrufung: Jäger, Krieger, Orion, Elohim Gibor, Samael

d) Spruch aus dem Sepher Yezirah zu Geburah

e) Anrufung der früheren Inkarnationen des Einzuweihenden

6. der Einzuweihende ist in Geburah, er blickt nach Tiphareth

a) Entschluß zu einem neuen Leben; sehen, sprechen, vergleichen, kombinieren, entwerfen, gestalten, streiten, kämpfen, entscheiden; Entscheidung, Intensität, Einsgerichtetheit; Wahl der Zeit, des Ortes, der Kultur, der Eltern, der Freunde, des Horoskops, der Themen; Lebenskraft-Wirbel; Entschiedenheit; tun, was man will

b) Pfade von Hod und Tiphareth nach Geburah; Tarot-Karten

c) Sprüche aus dem Sepher Yezirah zu den beiden Pfaden

d) Wiedergeburt, aus der Stille heraustreten

e) Wiederstillen, Göttermet trinken

f) Mut, Tatkraft, Entschlossenheit; Jäger, Krieger; Orion; Kampf-Ekstase; Tanz, Kriegstanz

g) Während des Tanzes vier Kerzen (vier Elemente) zusätzlich zu der fünften Kerze (Quintessenz) entzünden

h) Neuschmieden des zerbrochenen Schwertes, Schwertweihe durch Drachenfeuer, Ritterschlag

D   Die Reise von Geburah nach Malkuth („Inkarnation")

7. Rückkehr nach Tiphareth und weiter über Yesod nach Malkuth

a) der Einzuweihende wird von dem Feuer-Priester (Repräsentant des „Blitzes der Schöpfung") auf diesem Weg geleitet

b) sie überqueren den Jenseitsfluß; dort ist der Feuer-Priester der „Fährmann mit zwei Gesichtern" (Charon)

c) Tor mit zwei Säulen; blauer Vorhang mit goldener Sonne (Sonnen-Aufgang)

d) der Einzuweihende ist der geheilte Sonnengott-Göttervater mit seinem neugeschmiedeten Schwert (Symbolik des geflügelten Drachens, des Phönix, des Feuervogels; Wiedergeburt: Symbolik der Verwandlung der Sonnen-Schlange in einen Sonnen-Vogel)

E   Schließen des Tempels

8. Schließen des Tempels

a) Dank

b) Kleines Pentagramm-Ritual

- - -

Wenn man eine solche Skizze des Rituals entworfen hat, kann man mit dem eigentlichen Schreiben des Rituals beginnen. Dabei werden mit einiger Wahrscheinlichkeit noch einige kleinere Änderungen an dem Aufbau vorgenommen werden, da man beim Schreiben selber noch die eine oder andere Ungereimtheit in der Ritual-Skizze oder weitere Zusammenhänge entdeckt.

e) Der Aufbau des Tempels

Der Aufbau des Tempels ist ähnlich wie bei dem Ritual des Golden Dawns, aber nicht genau gleich.

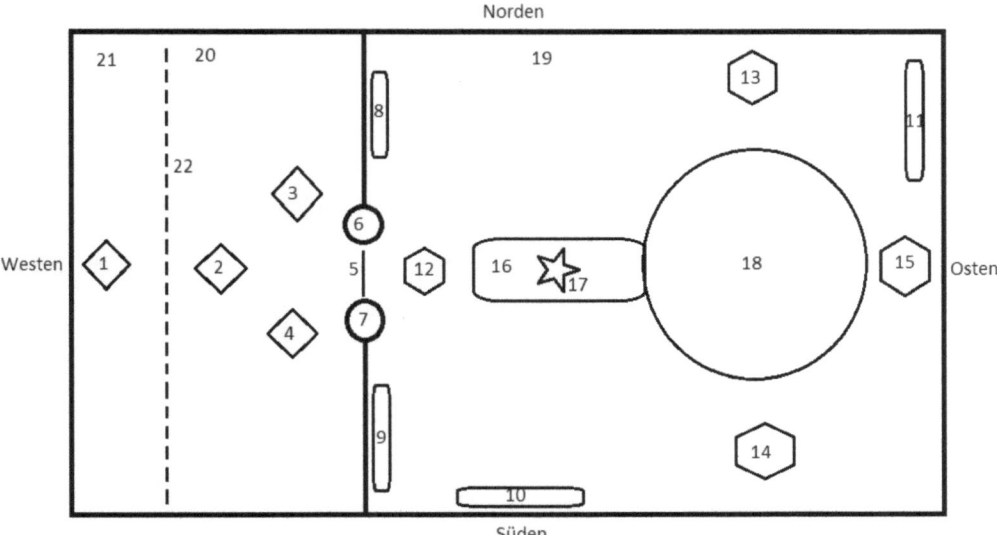

1. Malkuth	10. Nebenaltar mit „Stärke" (Tor zum Pfad
2. Yesod	nach Chesed)
3. Hod	11. Nebenaltar mit „Siegeswagen" (Tor zum
4. Netzach	Pfad nach Binah)
5. Graben auf dem Lebensbaum	12. Schlangen-Priester
(blauer Vorhang mit goldener Sonne)	13. Gebruah-Priester
6. Säule des Wassers (auf der Tem-	14. Feuer-Priester
pel-Innenseite liegt ein Feueropal)	15. Shekinah
7. Säule des Feuers (auf der	16. Vagina der Jenseitsgöttin
Tempel-Innenseite liegt ein	17. Gang: fünf Kerzen
Feueropal)	18. Gewölbe: Gebärmutter der Jenseitsgöttin
8. Nebenaltar mit „Hängender" (Tor	19. Tempel der Seele
zum Pfad nach Hod)	20. Tempel der Psyche
9. Nebenaltar mit „Gerechtigkeit"	21. Tempel des Körpers
(Tor zum Pfad nach Tiphareth)	22. Schwelle auf dem Lebensbaum

Der Geburah-Tempel, also der rechte Raum des Tempels, der der Seele entspricht, ist weitgehend rot.

In jeder Ecke des Raumes liegt eine Apatschenträne, vor den beiden Säulen liegt auf der „Seelen-Seite" (auf der Zeichnung rechts) je ein Feueropal.

Auf den vier Nebenaltären liegt je eine Tarot-Karte.

In dem Seelen-Tempel befindet sich eine Trommel mit dunklem Klang (Baß-Conga, Djembe o.ä.).

Der Weg (16) stellt den Gang in das Hügelgrab dar; der Kreis (18) stellt die Grabkammer dar. Sie sind durch zwei schwarze Teppiche, Stoff o.ä., die auf dem Boden liegen, gekennzeichnet. Ideal wäre natürlich ein Gang und eine Kammer wie bei einem Hügelgrab.

Auf dem Gang (16) stehen in den passenden Farben fünf Kerzen, die die vier Elemente und die Quintessenz darstellen. Dies sind (in Gehrichtung, also nach Osten hin gesehen): oben weiß für die Quintessenz, rechts unten rot für Feuer, links oben blau für Luft, rechts oben grün für Wasser, links unten braun für Erde).

Auf dem Kreis ist das Sternbild Orion und sein Begleiter Sirius aufgemalt oder auf eine andere Weise gekennzeichnet.

Am Rand des Kreises liegen in gleichem Abstand 12 größere Steine – im Idealfall wären dies Menhire oder Totempfähle.

Es werden weiterhin gebraucht:
- ein Räuchergefäß
- ein Kelch mit Wasser
- ein Schwert
- eine Schale, in der man ein kleines Feuer entfachen kann

f) Die Ritual-Teilnehmer

An dem Ritual nehmen aktiv fünf Personen teil:

- der Einzuweihende; er trägt ein schlichtes Gewand (weiß oder schwarz)

- der Schlangen-Priester, der die Schlange der Weisheit sowie Tiphareth repräsentiert; gelb-goldenes Gewand, Schärpe mit aufgemalter Schlange, ein Stab mit Schlange oder Drache

- der Feuer-Priester, der den Blitzstrahl der Schöpfung sowie Chesed repräsentiert; blaues Gewand, Schärpe mit aufgemaltem Blitz, ein Stab mit einem Blitz

- der Geburah-Priester, der Geburah repräsentiert; rotes Gewand, Schärpe mit aufgemaltem Mars-Symbol, ein roter Stab

- die Shekinah-Priesterin, die Shekinah, d.h. die Muttergöttin sowie Binah repräsentiert; weißes Gewand und schwarzer Umhang

- evtl. weitere Ordensmitglieder, die jedoch nicht physisch an der Handlung teilnehmen

Die Kleidung sollte man so wählen, wie es ohne allzugroßen Aufwand machbar ist. Passende Gewänder sind eine gute Hilfe bei einem Ritual, aber nicht unentbehrlich. Dasselbe gilt für die gesamte Ausstattung des Rituals – man kann es schlicht oder aufwendig gestalten. Die Durchführung eines Rituals sollte auf jeden Fall niemals daran scheitern, daß man das eine oder andere Utensil nicht beschaffen kann. Auch der Ort, an dem das Ritual durchgeführt wird, ist zwar von Einfluß, aber das Ritual ist nicht nur dann wirksam, wenn man einen Tempel oder ein Hügelgrab zur Verfügung hat – man kann es auch im eigenen Wohnzimmer durchführen.

Wenn man möchte, kann man statt z.B. „Schlangen-Priester" auch „Schlangen-Magier" oder „Schlangen-Adept" sagen. Die Begriffe „Magier", „Adept" und „Priester" werden in diesem Ritual weitgehend gleichbedeutend verwendet, da ein Magier, der eine Einweihung leitet oder aktiv in ihr mitwirkt, die Funktion eines Priesters ausübt.

D Das Gruppen-Ritual

Das „Adeptus Major"-Ritual ist ein Einweihungs-Ritual. Da jedoch nicht jeder Mitglied in einem Orden ist, deren Mitglieder solche Rituale auf wirksame Weise durchführen können, wird man in manchen Fällen dieses Ritual lediglich allein durchführen können.

Im Folgenden finden sich daher zwei Varianten dieses Rituals: zum einen in diesem Kapitel das Gruppen-Ritual, das von einem Orden durchgeführt wird, und zum anderen das Solo-Ritual in dem nächsten Kapitel, das für den Anfänger möglicherweise einfacher durchzuführen sein wird als das komplexere Gruppen-Ritual.

Beide Möglichkeiten, also das Solo-Ritual und das Gruppen-Ritual, haben Vor- und Nachteile:

> - Bei einem Solo-Ritual hat man keinen Anschluß an bereits weiter entwickelte Magier, die einem helfen können, neue Dinge zu erleben.

> - Wenn man ein Ritual alleine entwirft oder ein bestehendes Ritual umgestaltet und abändert und es dann durchführt, kann man dem eigenen Stil treu bleiben.

Man kann jedoch auch bei einem Solo-Ritual innerlich Kontakt zu denen aufnehmen, die das Ritual bereits früher durchgeführt haben – das kann man wie bei einer Familienaufstellung durchführen, also wie eine schlichte Invokation bzw. Evokation.

Man kann auch ein für eine Gruppe geschriebenes Ritual alleine durchführen, indem man die Rolle des jeweils aktiven bzw. sprechenden Ritual-Teilnehmers einnimmt, sich an dessen Stelle im Tempel stellt und seine Handlungen durchführt und seine Worte spricht. Auch das ist ein wenig wie bei einer Familienaufstellung oder bei einem Solo-Schauspiel, bei dem man zwischen verschiedenen Rollen hin- und herwechselt. Das ist einfacher als es klingt.

Das folgende neue „Adeptus Major"-Ritual ist natürlich genausowenig wie das alte „Adeptus Major"-Ritual des Golden Dawn das einzig wahre, richtige und wirksame „Adeptus Major"-Ritual, sondern nur eine von vielen Möglichkeiten, die Qualitäten von Geburah zu erleben, zu verinnerlichen und anschließend dann auch leben und zu nutzen.

Ein Ritual kann nur so gut wirken, wie man allen Elementen in diesem Ritual von ganzem Herzen her zustimmen kann. Daher sollte man das Ritual, wenn man es alleine oder mit einer „privaten Gruppe" (also nicht in einem Orden mit festgelegten Ritualen) durchführt, auch so lange umgestalten, bis man ihm wirklich zustimmen kann.

- Die Eröffnung des Tempels -

Dies findet ohne den Einzuweihenden statt, der draußen vor der Türe des Tempels wartet.

1. Die Vorbereitung des Tempels

Der Feuer-Priester führt das Kleine Pentagramm-Ritual durch.

Der Schlangen-Priester geht von Osten her einmal im Uhrzeigersinn im Kreis innen um den Tempel herum, versprenkelt (geweihtes Wasser) und spricht:

„So muß deshalb zuerst der Priester, der die Arbeiten des Feuers beherrscht, das Weihwasser des lautbrandenden Meeres versprühen."

Die anwesenden Magier/Priester imaginieren den gesamten Tempel als eine Insel in einem endlosen Meer.

Der Feuer-Priester geht von Osten her einmal im Kreis innen um den Tempel herum, räuchert mit einem Räuchergefäß o.ä. und spricht:

„ Und wenn Du, nachdem alle Phantome geflohen sind, das heilige, formlose Feuer siehst – das Feuer, das durch die Tiefen des Universums blitzt und flammt – höre dann die Stimme des Feuers!"

Die anwesenden Magier/Priester imaginieren den gesamten Tempel als eine Insel in einem endlosen Meer, die an ihrem Rand von einer schützenden Waberlohe umgeben ist.

Der Geburah-Priester steht in der Mitte des Tempels, blickt nach Osten, erhebt die Arme (Haltung der Man-Rune) und spricht:
„Heilig seid Ihr, Herr des Universums!
Heilig seid Ihr, den die Natur nicht erschaffen hat!
Heilig seid Ihr, der Eine-Alles-Einzige!"

Die anwesenden Magier/Priester imaginieren den gesamten Tempel als eine Insel in einem endlosen Meer, die an ihrem Rand von einer schützenden Waberlohe umgeben und die von Licht erfüllt ist.

Der Schlangen-Priester geht von Osten aus im Uhrzeigersinn nacheinander zu den vier Apatschentränen, die in den Ecken des Tempel liegen und spricht bei jedem dieser Steine:
„Feuer der Erde, erwache!
Schlangen-Feuer, erwache!
Glühender Drache, erwache!
Erfülle diesen Tempel mit dem Feuer des Vulkans!"

Die anwesenden Magier/Priester imaginieren den gesamten Tempel als eine Insel in einem endlosen Meer, die an ihrem Rand von einer schützenden Waberlohe umgeben und die von Licht erfüllt ist – und daß diese Insel nun von der Ursprünglichkeit, der Intensität und der Einsgerichtetheit des Erdfeuers erfüllt wird.

Der Schlangen-Priester trommelt kurz und alle intensivieren noch einmal die Kraft des Erdfeuers in dem Raum.

2. Die Weihung des Tempels

a) Die Feuer-Pentagramme

Der Schlangen-Priester zieht im Osten, Süden, Westen und Norden, also viermal, erst das invozierende Geist-Pentagramm, führt dann die Geste des Öffnens des Vorhangs aus und zieht schließlich das invozierende Pentagramm des Feuers (Vorgehen wie im Großen Pentagramm-Ritual).

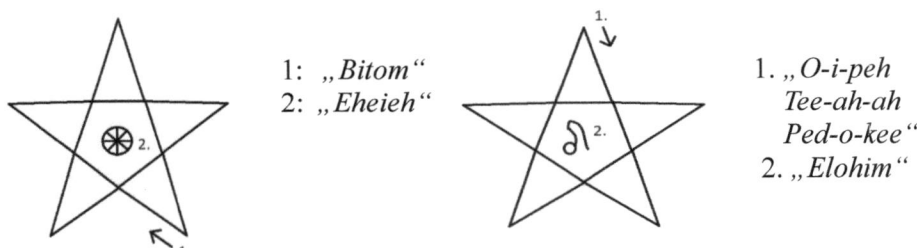

1: „Bitom"
2: „Eheieh"

1. „O-i-peh
   Tee-ah-ah
   Ped-o-kee"
2. „Elohim"

Nach dem Ziehen der viermal zwei Pentagramme spricht der Schlangen-Priester:
„Ich bitte euch Geister des Feuers, erfüllt diesen Tempel."

b) Die Mars-Hexagramme

Der Feuer-Priester zieht im Osten, Süden, Westen und Norden, also viermal, das invozierende Mars-Hexagramm.

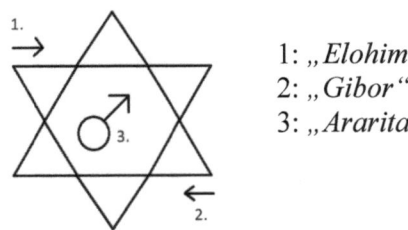

1: „Elohim"
2: „Gibor"
3: „Ararita"

Nach dem Ziehen der vier Hexagramme spricht der Feuer-Priester:
„Ich bitte euch Geister des Mars, erfüllt diesen Tempel."

c) Die Anrufung des Elohim Gibor

Der Geburah-Priester steht in der Mitte des Tempels, erhebt seine Arme (Haltung der Man-Rune) und spricht:
„Elohim Gibor, Gott des Feuers!
Elohim Gibor, Gott des Mars!
Elohim Gibor, Gott in Geburah!
Einsgerichteter, Schöpfer, Magier,
Allmächtiger, Gestalter, blendender Blitz!
Begleite uns heute in diesem Ritual,
Erwecke Geburah in uns,
Erwecke Geburah in dem, der heute nach Dir sucht,
Zeige ihm soviel von Dir, wie er erfassen kann
Und wie es ihn fördert.“

Alle drei Priester intonieren („singen“) zusammen fünfmal den Gottesnamen von Geburah:
„Elohim Gibor ...
Elohim Gibor ...
Elohim Gibor ...
Elohim Gibor ...
Elohim Gibor.“

d) Der Segen der Shekinah

Die Shekinah-Priesterin wendet sich schweigend nach Osten, verbindet sich (innerlich) mit Binah, und erfüllt den Platz über dem runden Teppich in der Mitte des Tempels (der das Gewölbe symbolisiert) mit der Qualität von Binah.

e) Der Abschluß der Tempel-Weihung

Der Geburah-Priester spricht:
„Der Geburah-Tempel ist geöffnet.“

Alle:
„So ist es. Ho!“

3. Die Invokationen durch die vier Adepten

a) Der Schlangen-Priester invoziert die Schlange der Weisheit

„Die Schlange der Weisheit,
*   Sie ist die Kundalini;*
Die Schlange der Weisheit,
*   Sie ist das Drachenfeuer;*
Die Schlange der Weisheit,
*   Sie ist der Weg den Lebensbaum hinauf.*

Schlange der Weisheit,
*   Du bist der Führer ins Jenseits;*
Schlange der Weisheit,
*   Du bist der Entzünder des Lichts;*
Schlange der Weisheit,
*   Du bist das Feuer in meinem Leib.*

Ich bin die Schlange der Weisheit,
*   ich bin der Fährmann am Jenseitsfluß!*
Ich bin die Schlange der Weisheit,
*   ich bin die Glut in der Dunkelheit!*
Ich bin die Schlange der Weisheit,
*   ich bin die, die die Chakren erweckt!*

Evohe!“

b) Der Feuer-Priester invoziert den Blitzstrahl der Schöpfung

„Der Blitzstrahl der Schöpfung,
Er ist das Schwert Gottes;
Der Blitzstrahl der Schöpfung,
Er ist der Tanz des Einen-Alles-Einzigen;
Der Blitzstrahl der Schöpfung,
Er ist das Licht, das alles erschafft.

Blitzstrahl der Schöpfung,
Du bist der prägende Wille;
Blitzstrahl der Schöpfung,
Du bist das gestaltende Wort;
Blitzstrahl der Schöpfung,
Du bist die Tat, die der Anfang von allem ist.

Ich bin der Blitzstrahl der Schöpfung,
ich bin das Bindhu der Himmelskuh!
Ich bin der Blitzstrahl der Schöpfung,
ich bin das, was in der Hand Gottes ist!
Ich bin der Blitzstrahl der Schöpfung,
ich bin die Perle der Wünsche, der der Drache folgt!

Evohe!"

c) Der Geburah-Priester invoziert Samael

„Samael, Erzengel von Geburah,
Er ist der Erzengel in der Sphäre des Mars;
Samael, Erzengel von Geburah,
Er ist Lehrer der Jäger;
Samael, Erzengel von Geburah,
Er ist der Weise, der die Geheimnisse des Kampfes kennt.

Samael, Erzengel von Geburah,
Du bist der mit den roten Flügeln;
Samael, Erzengel von Geburah,
Du bist der mit den glühenden Augen;
Samael, Erzengel von Geburah,
Du bist der mit dem nie verzagenden Herzen.

Ich bin Samael, Erzengel von Geburah,
ich bin der, der das Feuer bringt!
Ich bin Samael, Erzengel von Geburah,
ich bin der, der den Mars erweckt!
Ich bin Samael, Erzengel von Geburah,
ich bin der, der Gottes Einheit gleicht!

Evohe!"

d) Die Shekinah-Priesterin invoziert Shekinah

„Shekinah, Göttin von Binah,
Sie ist die Große Mutter;
Shekinah, Göttin von Binah,
Sie ist Ama und Aima;
Shekinah, Göttin von Binah,
Sie ist die, in der alle Geborgenheit finden.

Shekinah, Göttin von Binah,
Du bist die, nach der alle streben;
Shekinah, Göttin von Binah,
Du bist das Geheimnis im Hügelgrab;
Shekinah, Göttin von Binah,
Du bist das Leuchten in der Mitte des Steinkreises.

Ich bin Shekinah, Göttin von Binah,
ich bin die, die die Schwitzhütte ist!
Ich bin Shekinah, Göttin von Binah,
ich bin die Weiße, die Große, die Neblig-Leuchtende!
Ich bin Shekinah, Göttin von Binah,
ich bin die Quelle des Lebens!

Evohe!"

e) Abschluß der vier Invokationen

Kurze Pause, in der alle die Kräfte in dem Tempel und in den drei Priestern und in der Priesterin spüren.

Der Geburah-Priester spricht:
„Das Geburah-Ritual kann beginnen."

- Die Reise von Malkuth nach Geburah -
("Exkarnation")

4.   Die Reise von Malkuth über Yesod nach Tiphareth

Der Schlangen-Priester geht in den Vorraum des Tempels (linker Raum in der Skizze) und holt den Einzuweihenden, der vor dem Tempel gewartet hat, in den Vorraum.

Sie stehen beide an der Schwelle in den Vorraum – der Einzuweihende im Westen, der Schlangen-Priester im Osten. Sie blicken einander an.

a) 1. Schritt: an der Pforte des Tempels

Schlangenpriester:
„Ich bin der Priester der Schlange der Weisheit,
ich bin der Fährmann mit den zwei Gesichtern,
ich bin Charon auf dem Styx,
ich bin Dein Führer auf dem Schlangen-Pfad den Lebensbaum hinauf.

Du hast an das Tor des Tempels geklopft und bist eingelassen worden.
Wie heißt der Grad, den Du als erstes im Äußeren Orden im Tempel erworben hast?"

Einzuweihender:
„Der Grad des Neophyten."

Der Einzuweihende tritt – von dem Schlangen-Priester angeleitet – über die Schwelle.

Schlangenpriester:
„Was ist das Geschenk der Einweihung?"

Einzuweihender:
„Selbsterkenntnis."

Schlangenpriester:
„Ist es Dein Bestreben, wie die Sonne zu werden?
Ist es Dein Bestreben, wie Tyr, wie Zeus, wie Shiun zu strahlen?
Ist es Dein Bestreben, Osiris, Buddha, Christus, Baldur zu folgen?
Dann sprich: 'Ich will mein Licht erstrahlen lassen.'"

Einzuweihender:
„Ich will mein Licht erstrahlen lassen."

Schlangenpriester:
„Dann laß uns weitergehen."

[Der „Fährmann mit den zwei Gesichtern" ist in den ägyptischen Pyramidentexten der Titel des Schamanen, der den toten Pharao über den Jenseitsfluß fährt.]

b) 2. Schritt: Malkuth

Schlangenpriester:
„Wie heißt der nächste Grad, den Du im Äußeren Orden im Tempel im Erd-Ritual in Malkuth erworben hast?"

Einzuweihender:
„Der Grad des Zelators."

Der Einzuweihende stellt sich – von dem Schlangen-Priester angeleitet – an den Ort von Malkuth.

Schlangenpriester:
„Was ist das Geschenk von Adonai ha-Aretz in Malkuth?"

Einzuweihender:
„Die Gabe der Unterscheidungskraft."

Schlangenpriester:
„Ist es Dein Bestreben, heil zu werden?
Ist es Dein Bestreben, lebendig zu sein?
Ist es Dein Bestreben, zu gedeihen?
Dann sprich: 'Ich will strahlend in meinem Leib wohnen.'"

Einzuweihender:
„Ich will strahlend in meinem Leib wohnen."

Schlangenpriester:
„Dann laß uns weitergehen."

c) 3. Schritt: Yesod

Schlangenpriester:
„Wie heißt der nächste Grad, den Du im Äußeren Orden im Tempel im Mond-Ritual in Yesod erworben hast?"

Einzuweihender:
„Der Grad des Theoricus."

Der Einzuweihende stellt sich – von dem Schlangen-Priester angeleitet – an den Ort von Yesod.

Schlangenpriester:
„Was ist das Geschenk von Schaddai el-Chai in Yesod?"

Einzuweihender:
„Lebenskraft."

Schlangenpriester:
„Ist es Dein Bestreben, die Lebenskraft zu sehen?
Ist es Dein Bestreben, die Lebenskraft zu lenken?
Ist es Dein Bestreben, die Lebenskraft in Dir fließen zu lassen?
Dann sprich: 'Ich will voller Lebenskraft erstrahlen.'"

Einzuweihender:
„Ich will voller Lebenskraft erstrahlen."

Schlangenpriester:
„Dann laß uns weitergehen."

d) 4. Schritt: Hod

Schlangenpriester:
„ Wie heißt der nächste Grad, den Du im Äußeren Orden im Tempel im Merkur-Ritual in Hod erworben hast? "

Einzuweihender:
„ Der Grad des Practicus. "

Der Einzuweihende stellt sich – von dem Schlangen-Priester angeleitet – an den Ort von Hod.

Schlangenpriester:
„ Was ist das Geschenk von Elohim Tzabaoth in Hod? "

Einzuweihender:
„ Wahrheit. "

Schlangenpriester:
„ Ist es Dein Bestreben, die Wirklichkeit zu sehen?
Ist es Dein Bestreben, die Welt zu verstehen?
Ist es Dein Bestreben, Dich selber zu erkennen?
Dann sprich: 'Ich will in mir die Wahrheit erstrahlen lassen.' "

Einzuweihender:
„ Ich will in mir die Wahrheit erstrahlen lassen. "

Schlangenpriester:
„ Dann laß uns weitergehen. "

e) 5. Schritt: Netzach

Schlangenpriester:
„Wie heißt der nächste Grad, den Du im Äußeren Orden im Tempel im Venus-Ritual in Netzach erworben hast?"

Einzuweihender:
„Der Grad des Philosophus."

Der Einzuweihende stellt sich – von dem Schlangen-Priester angeleitet – an den Ort von Netzach.

Schlangenpriester:
„Was ist das Geschenk von YHVH Tzabaoth in Netzach?"

Einzuweihender:
„Intensität."

Schlangenpriester:
„Ist es Dein Bestreben, intensiv zu fühlen?
Ist es Dein Bestreben, hemmungslos zu streben?
Ist es Dein Bestreben, ganz Du selber zu sein?
Dann sprich: 'Ich will werden wie die Strahlen der Sonne.'"

Einzuweihender:
„Ich will werden wie die Strahlen der Sonne."

Schlangenpriester:
„Dann laß uns weitergehen."

f) 6. Schritt: Graben

Schlangenpriester:
„Wie heißt der nächste Grad, den Du im Äußeren Orden im Tempel an dem Übergangs-Ritual am Graben erworben hast?"

Einzuweihender:
„Der Grad der Pforte."

Der Einzuweihende stellt sich – von dem Schlangen-Priester angeleitet – an den Ort des Grabens, d.h. vor den Vorhang zwischen den beiden Säulen.

Schlangenpriester:
„Was ist das Geschenk Deiner Seele in Paroketh?"

Einzuweihender:
„Der Anblick meiner Seele."

Schlangenpriester:
„Ist es Dein Bestreben, der Sonne zu folgen und am Abend zu sterben?
Ist es Dein Bestreben, die finstere Göttin und die liebevolle Göttin zu sehen?
Ist es Dein Bestreben, zu Deinem Ursprung zu gehen?
Dann sprich: 'Ich will die Quelle meiner Inkarnation finden.'"

Einzuweihender:
„Ich will die Quelle meiner Inkarnation finden."

Schlangenpriester:
„Dann werde vom Sonnen-Vogel am Tages-Himmel
zur Sonnen-Schlange in der nächtlichen Unterwelt.
Dein Gold-Kelch ist leer,
Deine Silberschnur ist zerrissen,
Dein Schwert ist zerbrochen."

Der Schlangenpriester reicht dem Einzuweihenden ein in Stoff gehülltes Schwert, das dieser mit beiden Händen waagerecht trägt, als ob er zerbrochene Stücke tragen würde.

Schlangen-Priester:
„Dann laß uns weitergehen."

g) 7. Schritt: Tiphareth

Schlangenpriester:
„Wie heißt der nächste Grad, den Du im Inneren Orden im Tempel im Sonnen-Ritual in Tiphareth erworben hast?"

Einzuweihender:
„Der Grad des Adeptus Minor."

Schlangenpriester:
„Was ist das Geschenk von YHVH Eloah va-Da'ath in Malkuth?"

Einzuweihender:
„Die Vereinigung mit der Seele."

Der Schlangenpriester macht die Geste des Öffnens des Vorhangs (wie im Großen Pentagramm-Ritual) und der Einzuweihende tut es – von dem Schlangen-Priester angeleitet – ihm gleich. Beide treten durch das Tor zwischen den beiden Säulen in den Hauptraum des Tempels (rechter Raum in der Skizze).

Schlangenpriester:
„Ist es Dein Bestreben, in die Unterwelt zu reisen?
Ist es Dein Bestreben, die schwarze Nacht-Sonne zu werden?
Ist es Dein Bestreben, den Schlangenweg zu gehen?
Dann sprich: 'Ich will zur Sonne werden.'"

Einzuweihender:
„Ich will zur Sonne werden."

Schlangenpriester:
„Dann laß uns weitergehen."

Beide stehen auf der östlichen Seite des Vorhangs zwischen den beiden Säulen. Die drei Priester/Magier und die Priesterin/Magierin stehen an den Plätzen, die auf der Tempelskizze angegeben sind, blicken den Einzuweihenden an und sprechen:
„Willkommen im Inneren Tempel;
Willkommen in der Halle der Adepten;
Willkommen im Reich der Seelen."

- Geburah -

5. Geburah: Blick nach Chesed

a) Die Essenz der Vergangenheit

Geburah-Priester:
„Du hast das Tor nach Geburah durchschritten,
Du hast das Reich Elohim Gibors betreten, Frater/Soror XX –
das Feuer wartet auf Dich."

Feuer-Priester:
„Die Vergangenheit ist vergangen,
Dein Leben ist geendet, Frater/Soror XX –
die Zukunft liegt vor Dir."

Schlangen-Priester:
„Du bist mehr als Du weißt,
öffne Deine Augen, Frater/Soror XX –
lasse alles los, damit alles kommen kann."

Die Shekinah-Priesterin erhebt schweigend ihre Arme in der Haltung der Isis (aufrecht stehen, Oberarme zur Seite, Unterarme nach oben, Hände zur Seite) und senkt sie nach einer Weile wieder.

b)   Der Weg zur Grabkammer

Geburah-Priester: *„Schlangen-Priester, geleite Frater/Soror XX zum Anfang des Weges in die Stille, in die Nacht, in das Reich der Seelen."*

Der Schlangen-Priester tut dies.
Auf dem Weg stehen die fünf brennenden Kerzen in der Form eines Pentagramms.

- Die Erd-Kerze -

Geburah-Priester: *„Frater/Soror XX, bist Du bereit, Deinen Leib, den Du bisher hattest, loszulassen?*

Einzuweihender: *„Ja, ich bin bereit."*

Geburah-Priester: *„Schlangen-Priester, lösche die Erd-Kerze."*

Der Schlangen-Priester tut dies.

- Die Wasser-Kerze -

Geburah-Priester: *„Frater/Soror XX, bist Du bereit, Deine Gefühle, die Du bisher hattest, loszulassen?*

Einzuweihender: *„Ja, ich bin bereit."*

Geburah-Priester: *„Schlangen-Priester, lösche die Wasser-Kerze."*

Der Schlangen-Priester tut dies.

- Die Luft-Kerze -

Geburah-Priester: *„Frater/Soror XX, bist Du bereit, Dein Denken, das Du bisher hattest, loszulassen?*

Einzuweihender: *„Ja, ich bin bereit."*

Geburah-Priester: *„Schlangen-Priester, lösche die Luft-Kerze."*

Der Schlangen-Priester tut dies.

- Die Feuer-Kerze -

Geburah-Priester: *„Frater/Soror XX, bist Du bereit, Deine Kraft, die Du bisher hattest, loszulassen?*

Einzuweihender: *„Ja, ich bin bereit."*

Geburah-Priester: *„Schlangen-Priester, lösche die Feuer-Kerze."*

Der Schlangen-Priester tut dies.

- Die Licht-Kerze -

Geburah-Priester: *„Frater/Soror XX, bist Du bereit, in neue Bereiche zu gehen, in andere als in die, in denen Du bisher gewandelt bist?"*

Einzuweihender: *„Ja, ich bin bereit."*

Geburah-Priester: *„Schlangen-Priester, nimm die Licht-Kerze und stelle sie auf den Altar im Gewölbe."*

Der Schlangen-Priester tut dies.

Geburah-Priester:
„Das Alte liegt hinter Dir – lasse es los.
  Was ist die Essenz?
Du bist durch die Pforten des Todes gegangen – gehe nun weiter.
  Was ist die Heimat?
Der Wirbel der Lebenskraft hat sich beruhigt – atme nun freier.
  Woher bist Du gekommen?

Entspannung wartet auf Dich – spüre.
  Nimmst Du sie an?
Gelassenheit wartet auf Dich – spüre.
  Nimmst Du sie an?
Weitung wartet auf Dich – spüre.
  Nimmst Du sie an?

Man nennt es das Fegefeuer – aber was siehst Du?
Schaue hin.
Man nennt es Karma – aber was siehst du?
Schaue hin.
Man nennt es Rückschau – aber was siehst du?
Schaue hin.

Sehe es, nimm es an – und gehe weiter.
Das war Dein Leben.
Spüre es, fühle es – und gehe weiter.
Das war Dein Leben.
Nimm Dir die Essenz – und gehe weiter.
Das war Dein Leben.“

Feuer-Priester:
„Siehe, im Osten kommt der Pfad von Binah nach Geburah – der 'Siegeswagen'. Er bringt Dir Mut in der Nacht, er bringt Dir Kraft im Kampf, er bringt Dir Zuversicht auf schweren Wegen.
Siehe, im Süden kommt der Pfad von Chesed nach Geburah – die 'Stärke'. Sie ist Kraft aus dem Herzen heraus, Unerschütterlichkeit im Gemüt, Gelassenheit im Angesicht von Hindernissen.
Zusammen sind sie das ruhige Fortschreiten auf dem eigenen Weg, das sich durch keine Hindernisse beirren läßt. Gemeinsam sind sie wie die Sonne bei ihrem Aufstieg am Morgen, wie der goldene Feuervogel.“

Geburah-Priester: *„Gehe nun in das Gewölbe, lege Dich dort nieder, dort an dem Ort der Seelen – dort hast Du bereits beim Erlangen des Grades des Adpetus Minor gelegen. Gehe nun dorthin, vertraue Dich der Stille an – und schaue.*
Wenn Du spürst, daß es an der Zeit ist, zurückzukehren, dann öffne wieder Deine Augen, aber bleibe liegen.“

Der Schlangen-Priester geleitet den Einzuweihenden in das Gewölbe, wo sich dieser in den Sarkophag legt.

Der Geburah-Priester steht (oder sitzt) im Norden des liegenden Einzuweihenden, der Feuer-Priester im Süden, der Schlangen-Priester im Westen und die Shekinah-Priesterin im Osten.

Dort bleibt der Einzuweihenden so lange liegen, wie es sich für ihn richtig anfühlt.

Schließlich öffnet der Einzuweihende wieder seine Augen.

Schlangen-Priester:
„Das Feuer beginnt im Verborgenen zu glühen,
Die Kundalini erwacht in der Stille,
Der Drache steigt aus der Tiefe empor."

Feuer-Priester:
„ Osiris ist gestorben,
doch Isis hat sich mit ihm vereint, um ihn erneut zu gebären.
Tyr ist zerstückelt worden,
doch Freya hat sich mit ihm vereint, um ihn erneut zu gebären.
Die Seelen der Toten haben ihren Leib verlassen,
doch die Göttin hat sich mit ihnen vereint, um sie erneut zu gebären.

Willst auch Du die Göttin willkommen heißen
und Dich wiederzeugen?"

Einzuweihender: *„Ja."*

Shekinah geht zu dem Einzuweihenden und beide stellen die Wiederzeugung des Toten mit der Jenseitsgöttin auf eine vorher zwischen den beiden vereinbarte Form dar. Wenn der Einzuweihende auf dem Rücken liegt, kann sich Shekinah z.B. wie Isis auf den Leib des toten Osiris setzen.

Der wesentliche Punkt ist hier nicht die erotische Anziehung, sondern die Kraft der Kundalini, das Vertrauen in die Geborgenheit bei der Göttin und der Wunsch nach einer erneuten Inkarnation.

Beide bleiben solange in dieser Haltung, wie es sich für beide richtig anfühlt.

Während dieser Zeit invoziert die Shekinah-Priesterin die Jenseitsgöttin, mit der sie sich am stärksten verbunden fühlt, also z.B. Ama, Freya, Isis, Shekinah, Astarte, Inanna oder Pte-san-win.

Wenn sich die Shekinah-Priesterin wieder aus eigenem Impuls erhebt oder der Einzuweihende ihr ein Zeichen gibt, daß sich dieser Teil des Rituals für ihn nun abgeschlossen anfühlt, und sich die Priesterin deshalb erhebt, geht sie wieder an ihren Ort im Osten zurück.

Der Einzuweihende bleibt zunächst noch liegen.

6. Der Einzuweihende in Geburah

a) Willkommen

Schlangen-Priester:
„Siehe, Du hast Geburah erreicht.
Du schreitest durch den Hof der Burg,
Du stehst in der Festung des Mars,
Du schaust von dem Turm in die Weite.
In dem Gewölbe unter dem Hof wartet der Drache.
Grüße ihn. "

Der Einzuweihende grüßt den Drachen:
„Willkommen. "

Feuer-Priester:
„Siehe, Du hast Geburah erreicht.
Du stehst im Kreis der Steine,
Du gehst durch den Gang in den Hügel,
Du liegst in der Kammer des Grabes.
In der Dunkelheit wartet die Göttin auf Dich.
Grüße sie. "

Der Einzuweihende grüßt die Göttin:
„Willkommen. "

Schlangen-Priester:
„Siehe, Du hast Geburah erreicht.
Du stehst am Rand des Kraters,
Du liegst am Boden des Schlotes,
Du ruhst in der Quelle des Feuers.
In der Mitte der Erde wartet die Kundalini in der glühenden Lava.
Grüße sie. "

Der Einzuweihende grüßt die Schlange:
„Willkommen. "

Geburah-Priester:
„Siehe, Du hast Geburah erreicht.
Du sitzt in der fließenden Kugel,
Du wartest in dem flüssigen Rauchobsidian,
Du verweilst in dem Tempel von Geburah.
In der ganzen Kugel weht der Atem von Samael.
Grüße ihn."

Der Einzuweihende grüßt den Erzengel Samael:
„Willkommen."

Shekinah-Priesterin:
„Siehe, Du hast Geburah erreicht.
Du ruhst ungeboren in meinem Bauch,
Du wartest auf Deine Geburt,
Du drängst in die Welt.
In meinem Bauch wächst Dein Entschluß und Dein Leben.
Grüße es."

Der Einzuweihende grüßt sein Leben:
„Willkommen."

Alle vier stellen sich rings um dem Einzuweihenden: im Osten die Shekinah-Priesterin, im Süden der Geburah-Priester, im Westen der Schlangen-Priester und im Norden der Feuer-Priester. Sie halten ihre Arme nach vorne und oben ausgestreckt, die Handflächen nach unten in die Richtung des Einzuweihenden.

Sie sprechen gemeinsam:
„Erhebe Dich.
Willkommen in Geburah.
Erhebe Dich."

Der Einzuweihende erhebt sich.

Geburah-Priester: *„Feuer-Priester, geleite Frater XX zu dem Tor des Gewölbes, an den Anfang des Weges."*

Der Feuer-Priester tut dies.

Schlangen-Priester:
„Siehe, der Weg ist der Wehrgang der Burg,
das Gewölbe ist die Kammer unter dem Burghof."

Feuer-Priester:
„Siehe, der Weg ist die Steinallee,
das Gewölbe ist der Steinkreis, zu dem die Allee führt."

Schlangen-Priester:
„Siehe, der Weg ist der Schlot des Vulkans,
das Gewölbe ist die Lava tief unten in der Erde."

Geburah-Priester:
„Siehe, der Weg ist die Reise ins Jenseits,
das Gewölbe ist die Kugel aus fließendem Gestein."

Shekinah-Priesterin:
„Siehe, der Weg ist meine Vagina,
das Gewölbe ist mein Bauch."

Alle:
„Siehe, der Weg ist Dein Leben
und in dem Gewölbe wartest Du selber auf Dich selbst."

b)   Die fünf Kerzen

Auf dem Weg stehen die vier ausgelöschten Kerzen in der Form eines Pentagramms – die weiße Kerze für die Spitze (Quintessenz) steht jedoch noch auf dem Altar im Gewölbe.

- Die Erd-Kerze -

Geburah-Priester: *„Frater/Soror XX, bist Du bereit, Deinen Leib mit den Kräften und Qualitäten, mit den Tänzen und Gesängen von Geburah zu erfüllen?"*

Einzuweihender: *„Ja, ich bin bereit."*

Geburah-Priester: *„Schlangen-Priester, entzünde die Erd-Kerze."*

Der Schlangen-Priester tut dies.

- Die Wasser-Kerze -

Geburah-Priester: *„Frater/Soror XX, bist Du bereit, Deine Gefühle mit den Kräften und Qualitäten, mit den Tänzen und Gesängen von Geburah zu erfüllen?"*

Einzuweihender: *„Ja, ich bin bereit."*

Geburah-Priester: *„Schlangen-Priester, entzünde die Wasser-Kerze."*

Der Schlangen-Priester tut dies.

- Die Luft-Kerze -

Geburah-Priester: *„Frater/Soror XX, bist Du bereit, Dein Denken mit den Kräften und Qualitäten, mit den Tänzen und Gesängen von Geburah zu erfüllen?"*

Einzuweihender: *„Ja, ich bin bereit."*

Geburah-Priester: *„Schlangen-Priester, entzünde die Luft-Kerze."*

Der Schlangen-Priester tut dies.

- Die Feuer-Kerze -

Geburah-Priester: *„Frater/Soror XX, bist Du bereit, Deine Kraft mit den Kräften und Qualitäten, mit den Tänzen und Gesängen von Geburah zu erfüllen?"*

Einzuweihender: *„Ja, ich bin bereit."*

Geburah-Priester: *„Schlangen-Priester, entzünde die Feuer-Kerze."*

Der Schlangen-Priester tut dies.

- Die Licht-Kerze -

Geburah-Priester: *„Frater/Soror XX, bist Du bereit, in Geburah wandeln, aus Geburah heraus zu leben, mit der Qualität von Geburah zu handeln und Dein Leben mit den Kräften und Qualitäten, mit den Tänzen und Gesängen von Geburah zu erfüllen?"*

Einzuweihender: *„Ja, ich bin bereit."*

Geburah-Priester: *„Schlangen-Priester, nimm die Licht-Kerze von dem Altar im Gewölbe und stelle sie auf die Spitze des Pentagramms."*

Der Schlangen-Priester tut dies.

c) Der Tanz

Der Schlangen-Priester und der Feuer-Priester entzünden gemeinsam in einer dafür geeigneten Schale ein kleines Feuer. Die Schale steht am Eingang zu dem Gewölbe.

Geburah-Priester:
„Mann in der Schwitzhütte,
Jäger in dem Steinkreis,
Krieger im Tempel,
Seele im Hügelgrab,
Orion am Himmel,
Samael im roten Planeten,
Elohim Gibor in Geburah!

Wir rufen Dich, Mann, erwache in Frater XX!
Wir rufen Dich, Jäger, erwache in Frater XX!
Wir rufen Dich, Krieger, erwache in Frater XX!
Wir rufen Dich, Seele, erwache in Frater XX!
Wir rufen Dich, Orion, erwache in Frater XX!
Wir rufen Dich, Samael, erwache in Frater XX!
Wir rufen Dich, Elohim Gibor, erwache in Frater XX!“

Die drei Priester und die Priesterin treten ein Stück zurück, sodaß Raum für den Einzuweihenden in der Mitte entsteht. Sie halten weiterhin ihre Arme schräg nach vorne oben und weisen mit ihren Handflächen zu dem Einzuweihenden.

Shekinah-Priesterin:
„Singe Dein Lied, Frater XX,
Tanze Deinen Tanz.
Lausche, was in Dir erwachen will,
was in Dir nach Ausdruck sucht.“

Der Einzuweihende beginnt langsam entweder zu singen oder zu tanzen oder beides.

Geburah-Priester:
„Singe leise, singe laut,
Singe, wie es Deine Wahrheit ist.“

Feuer-Priester:
„ Tanze wild, tanze sanft,
Tanze, was Du bist. "

Schlangen-Priester:
„ Tanze lange, tanze kurz,
Tanze, singe, wer Du bist. "

An dieser Stelle kann improvisiert werden: Die drei Priester und die Priesterin können den Takt mitklatschen, die Melodie mitsummen, evtl. auch dazu trommeln usw. Dies wird solange gemacht, bis der Einzuweihende seinen Gesang und/oder seinen Tanz beendet hat.

Danach sollte eine kurze Zeitlang Stille herrschen.

Schlangen-Priester: *„ Deine Seele sieht Dich. "*
Feuer-Priester: *„ Deine früheren Inkarnationen sehen Dich. "*
Geburah-Priester: *„ Elohim Gibor sieht Dich. "*
Shekinah-Priesterin: *„ Shekinah sieht Dich. "*

Danach sollte wieder eine zeitlang Stille herrschen – aber kürzer als die vorige Pause.

d)   Die zwölf Weisheiten

Geburah-Priester zu dem Einzuweihenden:
„ Willst Du wissen, was die Weisen zu Geburah sagen? "

Einzuweihender: *„Ja. "*

1. Weisheit

Geburah-Priester:
„ Im Sephirah Yezirah heißt es in den '32 Sprüchen der Weisheit' über den fünften Pfad, der die Sephirah Geburah ist:
> *'Der fünfte Pfad heißt Wurzelintelligenz, weil er der höchsten Einheit in Kether mehr als jeder andere gleicht. Er verbindet sich mit Binah, dem Verstehen, das wiederum den uranfänglichen Tiefen Chokmahs, der Weisheit, entströmt.'*

Lausche in Dich hinein – was hörst Du, was siehst Du, was spürst Du, wenn Du diese Worte hörst?
Sprich es aus. "

Der Einzuweihende spricht aus, was er sieht, hört, spürt, empfindet.

2. Weisheit

Geburah-Priester:
„ Im Bahir heißt es:
> *'Was ist der fünfte Spruch? Die Fünf ist das Große Feuer Gottes, über das im 5. Buch Mose gesagt wird: 'Ich kann die donnernde Stimme des Herrn, meines Gottes, nicht noch einmal hören und dieses große Feuer nicht noch einmal sehen, ohne daß ich sterbe.' Das ist die linke Hand Gottes.'*

Lausche in Dich hinein – was hörst Du, was siehst Du, was spürst Du, wenn Du diese Worte hörst?
Sprich es aus. "

Der Einzuweihende spricht aus, was er sieht, hört, spürt, empfindet.

3. Weisheit

Geburah-Priester:
„ 'Geburah' ist der einzige Sephiroth-Name, der in der Bibel als ein Name für Gott verwendet wird. So heißt es, daß die Torah von dem 'Mund Geburahs' an Moses und Israel gegeben worden ist.

Lausche in Dich hinein – was hörst Du, was siehst Du, was spürst Du, wenn Du diese Worte hörst?
Sprich es aus. "

Der Einzuweihende spricht aus, was er sieht, hört, spürt, empfindet.

4. Weisheit

Geburah-Priester:
„ Geburah wird 'der Maßstab des Gerichtes' genannt.

Lausche in Dich hinein – was hörst Du, was siehst Du, was spürst Du, wenn Du diese Worte hörst?
Sprich es aus. "

Der Einzuweihende spricht aus, was er sieht, hört, spürt, empfindet.

5. Weisheit

Geburah-Priester:
„ Links steht die Säule des Wassers: Boas; rechts steht die Säule des Feuers: Jachin. Doch die Mitte der Säule des Wasser – Geburah – ist Feuer; und die Mitte der Säule des Feuers – Chesed – ist Wasser.

Lausche in Dich hinein – was hörst Du, was siehst Du, was spürst Du, wenn Du diese Worte hörst?
Sprich es aus. "

Der Einzuweihende spricht aus, was er sieht, hört, spürt, empfindet.

6. Weisheit

Geburah-Priester:
„In Geburah findest Du die Vision der Kraft.

Lausche in Dich hinein – was hörst Du, was siehst Du, was spürst Du, wenn Du diese Worte hörst?
Sprich es aus."

Der Einzuweihende spricht aus, was er sieht, hört, spürt, empfindet.

7. Weisheit

Geburah-Priester:
„Geburah wird auch 'Pachad' genannt: Furcht.

Lausche in Dich hinein – was hörst Du, was siehst Du, was spürst Du, wenn Du diese Worte hörst?
Sprich es aus."

Der Einzuweihende spricht aus, was er sieht, hört, spürt, empfindet.

8. Weisheit

Geburah-Priester:
„Geburah ist die Heimat des Mars, des Ares, des Thor, des Horus, des Indra, der Mafdet, der Sachmet ...

Lausche in Dich hinein – was hörst Du, was siehst Du, was spürst Du, wenn Du diese Worte hörst?
Sprich es aus."

Der Einzuweihende spricht aus, was er sieht, hört, spürt, empfindet.

9. Weisheit

Geburah-Priester:
„Geburah ist das Schwert, das von dem Feuer des Drachen entflammt ist.

Lausche in Dich hinein – was hörst Du, was siehst Du, was spürst Du, wenn Du diese Worte hörst?
Sprich es aus."

Der Einzuweihende spricht aus, was er sieht, hört, spürt, empfindet.

10. Weisheit

Geburah-Priester:
„Die Zahl von Geburah ist 6·6·6=216.

Lausche in Dich hinein – was hörst Du, was siehst Du, was spürst Du, wenn Du diese Worte hörst?
Sprich es aus."

Der Einzuweihende spricht aus, was er sieht, hört, spürt, empfindet.

11. Weisheit

Geburah-Priester:
„Chesed hat die Zahl 72. Die 3 ist die Zahl des Zyklus. Geburah ist 3·72=216.

Lausche in Dich hinein – was hörst Du, was siehst Du, was spürst Du, wenn Du diese Worte hörst?
Sprich es aus."

Der Einzuweihende spricht aus, was er sieht, hört, spürt, empfindet.

12. Weisheit

Geburah-Priester:

„Berühre mit Deinen linken Fingern Deine rechte Schulter wie beim Ziehen des kabbalistischen Kreuzes.

Lausche in Dich hinein – was hörst Du, was siehst Du, was spürst Du, wenn Du diese Worte hörst?
Sprich es aus.“

Der Einzuweihende spricht aus, was er sieht, hört, spürt, empfindet.

Der Geburah-Priester hat sich gemerkt, was der Einzuweihende gesagt hat. Er spricht nun:
„Du hast Geburah gesehen.
Du hast berichtet, daß Du ... (hier das Gesehene zusammenfassen und einfügen) *... gesehen hast.*
Das ist ein Teil Deiner Geburah-Schätze.
Bewahre sie Dir und nutze sie gut.“

7. Geburah, Blick nach Tiphareth

a) Die beiden Pfade

Der Schlangen-Priester zeigt auf die beiden Tarot-Karten im Westen und alle wenden sich mit ihren Blicken dorthin.

Schlangen-Priester:

„Siehe, im Westen kommt der Pfad von Hod nach Geburah – der 'Gehängte'. Er ist die Einsicht, der Mut und die Bereitschaft, die das Denken und alles Starre losläßt, um das zu erfahren, was ist und was wirkt.

Siehe, im Südwesten kommt der Pfad von Tiphareth nach Geburah – die 'Gerechtigkeit'. Sie ist der klare Blick, der Vergleich und die Entscheidung, die den nächsten Schritt ermöglicht.

Zusammen sind sie die Bereitschaft, gezeugt zu werden, geboren zu werden und ein Leben zu beginnen und so das, was die Seele als innere Vision beschlossen hat, auch leiblich zu erleben."

b)   Wiedergeburt und Wiederstillen

Geburah-Priester:
„Du hast Deine früheren Leben betrachtet,
Du hat Dich selber gesehen,
Du hast mit Deiner Seele gesprochen,
Du hast Deine früheren Schritte verglichen,
Du hast Deine alten Verbindungen neu gespürt,
Du hast Deine Kenntnisse gesichtet,
Du hast Deine Wünsche miteinander streiten lassen,
Du hast mit Dir selber gerungen,
Du hast Deine Impulse miteinander verbunden,
Du hast Deine Richtung geformt,
Du hast Dein Leben entworfen,
Du hast Deinen zukünftigen Weg gestaltet,
Du hast Deine Schritte entschieden,
Nun bist Du einsgerichtet – mit aller Intensität.

Du hast beschlossen, welches Leben Du wählst,
Du hast beschlossen, an welchem Ort Du geboren wirst,
Du hast beschlossen, zu welcher Zeit Du geboren wirst,
Du hast beschlossen, welche Eltern Du haben willst,
Du hast beschlossen, in welche Kultur Du geboren wirst,
Du hast beschlossen, mit welchem Horoskop Du leben willst,
Du hast beschlossen, welche Freunde und Geliebte Du treffen willst,
Du hast beschlossen, welche Kenntnisse Du erweitern willst,
Du hast beschlossen, welche Fähigkeiten Du haben willst,
Du hast beschlossen, welche Themen Du wählst.
Nun wartest Du am Tor ins Leben, um mit aller Entschiedenheit
das zu sein, was Du bist und das zu tun, was Du willst."

Shekinah-Priesterin:
„Tritt ein in den Wirbel der Lebenskraft,
Spiegele Dich in ihr als Mann und als Frau
und erschaffe so Deinen inneren Mann und Deine innere Frau.

Dein Wesen und Dein Entschluß hallen durch die Lebenskraft
und finden Resonanz in einem Tier:
Dein Krafttier, das Deine Art der Dynamik ist.

Dein Wesen und Dein Entschluß hallen durch die Lebenskraft
und finden Resonanz in einer Pflanze:
Deine Kraftpflanze, die Deine Art der Haltung ist.

Dein Wesen und Dein Entschluß hallen durch die Lebenskraft
und finden Resonanz in einem Stein:
Dein Kraftstein, der Deine Art der Strukturierung ist.

Bewahre Dir dieses erste Bild, als das Du Dich selber erschaffen hast:
Erinnere Dich stets dieses Sonnenkindes!

Du warst in meinem Bauch ... "

Die Shekinah-Priesterin tritt zu dem Einzuweihenden und hält ihn eine ganze Weile umarmt.

Dann spricht sie weiter:
„ ... und nun stille ich Dich mit meiner Milch, mit dem Göttermet, mit Nektar ambrosia, mit Soma amrita, mit dem Lebenselixier, damit Du Deinen Lebensweg stets von Geborgenheit erfüllt gehen wirst. "

Sie reicht ihm einen Kelch, der mit einem Gemisch aus Milch und Honig gefüllt ist und in dem ein Mondstein und ein Orangencalcit liegen.
Der Einzuweihende trinkt davon.

Geburah-Priester:
„Am Anfang war die Fülle und die Geborgenheit,
aus der Fülle und der Geborgenheit erwuchsen die Stärke und die Klarheit,
und aus allen diesen erwuchs die Selbstliebe,
die Dein inneres Sonnenkind an jedem Ort und zu jeder Zeit strahlen läßt.
Das ist das Geschenk von Geburah an Dich. "

c) Schwert und Drache

Schlangen-Priester:
„Ich rufe Dich, Feuerschlange, aus der Erde empor!
   Steige auf in Frater XX!
Ich rufe Dich, Kundalini, aus dem Wurzelchakra empor!
   Steige auf in Frater XX!
Ich rufe Dich, Drache, aus der Höhle empor!
   Steige auf in Frater XX!

Fauche Dein Feuer flammend in sein funkelndes Schwert!
Schmiede glühend das zerbrochene strahlende Schwert!
Verbinde, vereine, verschmelze die zerbrochenen Teile!

Wieland – hilf!
Hephaistos – hilf!
Vulkanus – hilf!

Goibhniu – weihe das Schwert!
Svarog – weihe das Schwert!
Daidalos – weihe das Schwert!

Velchanos – fülle es mit dem Sonnenfeuer!
Kurdalagon – fülle es mit dem Sonnenfeuer!
Kaveh – fülle es mit dem Sonnenfeuer!

Kavja – gibt Frater XX den Ritterschlag!
Sethlans – gibt Frater XX den Ritterschlag!
Ilmarinen – gibt Frater XX den Ritterschlag!“

Der Geburah-Priester nimmt das Schwert und spricht: *„Im Namen des Sonnengott-Göttervaters und im Namen seines Sohnes, des Schmiedegottes, schlage ich Dich, Frater XX, hier und jetzt zum Geburah-Ritter.“*

Er berührt mit der Spitze der Klinge des Schwertes die Schulter des Einzuweihenden.

Geburah-Priester: *„Frater XX, nimm nun Dein Schwert. Möge es Dich stets an Geburah erinnern und Dich stets mit der Kraft der roten Sphäre erfüllen!“*

Der Geburah-Priester reicht dem Einzuweihenden das Schwert.

153

- Die Reise von Geburah nach Malkuth -

(„Inkarnation")

8. Die Rückkehr über Tiphareth und Yesod nach Malkuth

Geburah-Priester:
„Es ist Zeit, nach Malkuth zurückzukehren.
Trage Geburah allezeit in Dir.
Lebe aus Geburah heraus.
Tanze Deinen Tanz und singe Dein Lied.

Tritt nun durch das Tor des Geburah-Tempels."

Der Einzuweihende tut dies.

Feuer-Priester:
„In Tiphareth ist der Entschluß gereift,
die Entscheidung gefallen;
dort ist die Vielfalt von Geburah
zur Einsgerichtetheit geworden.

Gehe nun nach Tiphareth."

Der Einzuweihende tut dies.

Feuer-Priester:
„Der Graben ist der Abend gewesen,
doch nun ist er der Sonnenaufgang.
Der geflügelte Drache steigt auf,
der Phönix erhebt sich aus der Asche.

Gehe nun zu dem Graben."

Der Einzuweihende tut dies.

Feuer-Priester:
*„Ich bin der Fährmann mit den zwei Gesichtern,
ich habe Dich über den Jenseitsfluß gefahren;
Du bist der strahlende Sonnengott-Göttervater
mit dem goldenen Sonnen-Schwert.*

Gehe nun nach Netzach."

Der Einzuweihende tut dies.

Feuer-Priester:
*„Die Sonne ist wiedergekehrt,
Die Schlange ist zum Adler geworden;
Das goldene Himmelsauge erleuchtet alle Dinge
und Du siehst sie, wie sie sind.*

Gehe nun nach Hod."

Der Einzuweihende tut dies.

Feuer-Priester:
*„Du gelangst nun in das Reich des Mondes,
in das Meer der Lebenskraft,
die Du nun lenken und gestalten kannst,
und von Deinem Herzen her erwärmst.*

Gehe nun nach Yesod."

Der Einzuweihende tut dies.

Feuer-Priester:
*„Kehre nun zurück in Deinen Leib
mit dem Feuer von Geburah;
Lebe nun Dein Leben
mit der Entschiedenheit von Geburah.*

Gehe nun nach Malkuth."

Der Einzuweihende tut dies.

Die drei Priester und die Priesterin gemeinsam: *„Willkommen in der Welt!"*

- Schließen des Tempels

9. Schließen des Tempels

a) Dank

Geburah-Priester:
„Danke, Elohim Gibor, für Deine Hilfe bei diesem Ritual!
Und Danke Dir, Samael!
Dank Dir, Shekinah!
Dank Dir, Gott der Schmiede!
Danke euch allen!
Ho!"

b) Kleines Pentagramm-Ritual

Das Ritual wird mit dem Kleinen Pentagramm-Ritual geschlossen, das von dem Feuer-Priester durchgeführt wird.

E Das Solo-Ritual

Man kann das „Adeptus Major"-Einweihungsritual auch alleine durchführen, indem man abwechselnd alle Rollen in dem Ritual spricht und spielt, also das tut, was die drei Priester, die Priesterin und der Einzuweihende selber tut.

Da diese Variante für manche etwas sperrig oder auch einfach ungewohnt sein wird, folgt hier nun eine Solo-Variante, in der die Handlungen und Texte weitgehend beibehalten worden sind, aber alles von einer Einzelperson durchgeführt wird.

Dadurch erhält der Einzuweihende natürlich eine weitaus aktivere Rolle in dem Ritual: Er macht alles selber – zumindestens in physischer Hinsicht. Die angerufenen Gottheiten u.ä. sind natürlich trotzdem genauso wie bei dem Gruppen-Ritual anwesend, wenn sie gerufen werden. Was dabei fehlt, ist natürlich die Hilfe durch andere Personen, die evtl. schon in Geburah „zu Hause" sind und daher dem Einzuweihenden helfen können, auch in diesen Geburah-Zustand zu gelangen.

Der Einzuweihende wird im Folgenden „Magier" genannt, da er alle Teile des Rituals selber durchführt und die Formulierung „der sich selber Einweihende" ein bißchen unhandlich ist.

Der Tempel ist genauso wie in dem Gruppenritual aufgebaut, nur fehlen natürlich die drei Priester und die Priesterin.

Das folgende Solo-Ritual ist etwas kürzer als das Gruppen-Ritual, da z.B. die Dialoge zu einem Monolog werden.

- Die Eröffnung des Tempels -

1. Die Vorbereitung des Tempels

Der Magier führt das Kleine Pentagramm-Ritual durch.

Der Magier geht von Osten her einmal im Uhrzeigersinn im Kreis innen um den Tempel herum, versprenkelt (geweihtes Wasser) und spricht:

„So muß deshalb zuerst der Priester, der die Arbeiten des Feuers beherrscht, das Weihwasser des lautbrandenden Meeres versprühen."

Der Magier imaginiert den gesamten Tempel als eine Insel in einem endlosen Meer.

Der Magier geht von Osten her einmal im Uhrzeigersinn im Kreis innen um den Tempel herum, räuchert mit einem Räuchergefäß o.ä. und spricht:
„Und wenn Du, nachdem alle Phantome geflohen sind, das heilige, formlose Feuer siehst – das Feuer, das durch die Tiefen des Universums blitzt und flammt – höre dann die Stimme des Feuers!"

Der Magier imaginiert den gesamten Tempel als eine Insel in einem endlosen Meer, die an ihrem Rand von einer schützenden Waberlohe umgeben ist.

Der Magier steht in der Mitte des Tempel, blickt nach Osten, erhebt die Arme (Haltung der Man-Rune) und spricht:
„Heilig seid Ihr, Herr des Universums!
Heilig seid Ihr, den die Natur nicht erschaffen hat!
Heilig seid Ihr, der Eine-Alles-Einzige!"

Der Magier imaginiert den gesamten Tempel als eine Insel in einem endlosen Meer, die an ihrem Rand von einer schützenden Waberlohe umgeben und die von Licht erfüllt ist.

Der Magier geht von Osten aus im Uhrzeigersinn nacheinander zu den Apachentränen, die in den Ecken des Tempel liegen und spricht bei jedem dieser Steine:

„Feuer der Erde, erwache!
Schlangen-Feuer, erwache!
Glühender Drache, erwache!
Erfülle diesen Tempel mit dem Feuer des Vulkans!"

Der Magier imaginiert den gesamten Tempel als eine Insel in einem endlosen Meer, die an ihrem Rand von einer schützenden Waberlohe umgeben und die von Licht erfüllt ist – und daß diese Insel nun von der Ursprünglichkeit, der Intensität und der Einsgerichtetheit des Erdfeuers erfüllt wird.

Der Magier trommelt kurz und intensiviert noch einmal die Kraft des Erdfeuers in dem Raum.

2. Die Weihung des Tempels

a) Die Feuer-Pentagramme

Der Magier zieht im Osten, Süden, Westen und Norden, also viermal, erst das invozierende Geist-Pentagramm, führt dann die Geste des Öffnens des Vorhangs aus und zieht schließlich das invozierende Pentagramm des Feuers (Vorgehen wie im Großen Pentagramm-Ritual).

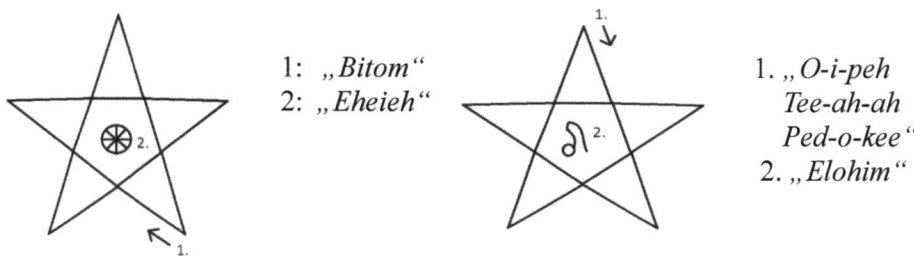

1: „Bitom“
2: „Eheieh“

1. „O-i-peh Tee-ah-ah Ped-o-kee“
2. „Elohim“

Nach dem Ziehen der viermal zwei Pentagramme spricht der Magier:
„Ich bitte euch Geister des Feuers, erfüllt diesen Tempel.“

b) Die Mars-Hexagramme

Der Magier zieht im Osten, Süden, Westen und Norden, also viermal, das invozierende Mars-Hexagramm.

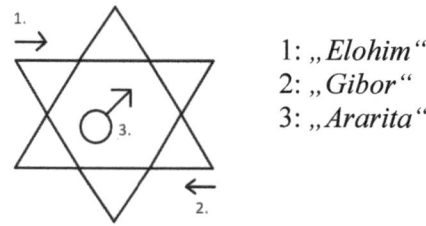

1: „Elohim“
2: „Gibor“
3: „Ararita“

Nach dem Ziehen der vier Hexagramme spricht der Magier:
„Ich bitte euch Geister des Mars, erfüllt diesen Tempel.“

c)   Die Anrufung des Elohim Gibor

Der Magier steht in der Mitte des Tempel, erhebt seine Arme (Haltung der Man-Rune) und spricht:
„Elohim Gibor, Gott des Feuers!
Elohim Gibor, Gott des Mars!
Elohim Gibor, Gott in Geburah!
Einsgerichteter, Schöpfer, Magier,
Allmächtiger, Gestalter, blendender Blitz!
Begleite mich heute in diesem Ritual,
Erwecke Geburah in mir – denn ich suche nach Dir,
Zeige mir soviel von Dir, wie ich erfassen kann
Und wie es mich fördert.“

Der Magier intoniert („singt") fünfmal den Gottesnamen von Geburah:
„Elohim Gibor ...
Elohim Gibor ...
Elohim Gibor ...
Elohim Gibor ...
Elohim Gibor.“

d)   Der Segen der Shekinah

Der Magier wendet sich schweigend nach Osten, verbindet sich (innerlich) mit Binah, und erfüllt den Raum über dem runden Teppich in der Mitte des Tempels (der das Gewölbe symbolisiert) mit der Qualität von Binah.

e)   Der Abschluß der Tempel-Weihung

„Der Geburah-Tempel ist geöffnet.
So ist es. Ho!“

3. Die Bitten

Diese vier Invokationen dienen in dem Gruppen-Ritual dazu, daß die drei Priester und die Priesterin das Ritual nicht nur als Menschen durchführen, sondern dabei mit einer Gottheit o.ä. verbunden sind, was die Wirkung des Rituals vergrößert.

Diese vier Invokationen werden in dem Solo-Ritual zu einer Bitte an die betreffenden Wesen um Hilfe bei dem Ritual, da sich der Magier sonst gleichzeitig mit vier Gottheiten identifizieren würde.

a) Die Bitte an die Schlange der Weisheit

„Die Schlange der Weisheit,
Sie ist die Kundalini;
Die Schlange der Weisheit,
Sie ist das Drachenfeuer;
Die Schlange der Weisheit,
Sie ist der Weg den Lebensbaum hinauf.

Schlange der Weisheit,
Du bist der Führer ins Jenseits;
Schlange der Weisheit,
Du bist der Entzünder des Lichtes;
Schlange der Weisheit,
Du bist das Feuer in meinem Leib.

Schlange der Weisheit,
hilf mir als Fährmann am Jenseitsfluß!
Schlange der Weisheit,
hilf mir als Glut in der Dunkelheit!
Schlange der Weisheit,
hilf mir als die, die die Chakren erweckt!

Evohe!"

b)   Die Bitte an den Blitzstrahl der Schöpfung

„ Der Blitzstrahl der Schöpfung,
Er ist das Schwert Gottes;
Der Blitzstrahl der Schöpfung,
Er ist der Tanz des Einen-Alles-Einzigen;
Der Blitzstrahl der Schöpfung,
Er ist das Licht, das alles erschafft.

Blitzstrahl der Schöpfung,
Du bist der prägende Wille;
Blitzstrahl der Schöpfung,
Du bist das gestaltende Wort;
Blitzstrahl der Schöpfung,
Du bist die Tat, die der Anfang von allem ist.

Blitzstrahl der Schöpfung,
hilf mir als das Bindhu der Himmelskuh!
Blitzstrahl der Schöpfung,
hilf mir als das, was in der Hand Gottes ist!
Blitzstrahl der Schöpfung,
hilf mir als die Perle der Wünsche, der der Drache folgt!

Evohe! "

c)   Die Bitte an Samael

„Samael, Erzengel von Geburah,
    Er ist der Erzengel in der Sphäre des Mars;
Samael, Erzengel von Geburah,
    Er ist Lehrer der Jäger;
Samael, Erzengel von Geburah,
    Er ist der Weise, der die Geheimnisse des Kampfes kennt.

Samael, Erzengel von Geburah,
    Du bist der mit den roten Flügeln;
Samael, Erzengel von Geburah,
    Du bist der mit den glühenden Augen;
Samael, Erzengel von Geburah,
    Du bist der mit dem nie verzagenden Herzen.

Samael, Erzengel von Geburah,
    hilf mir als der, der das Feuer bringt!
Samael, Erzengel von Geburah,
    hilf mir als der, der den Mars erweckt!
Samael, Erzengel von Geburah,
    hilf mir als der, der Gottes Einheit gleicht!

Evohe!“

d)   Die Bitte an Shekinah

„Shekinah, Göttin von Binah,
Sie ist die Große Mutter;
Shekinah, Göttin von Binah,
Sie ist Ama und Aima;
Shekinah, Göttin von Binah,
Sie ist die, in der alle Geborgenheit finden.

Shekinah, Göttin von Binah,
Du bist die, nach der alle streben;
Shekinah, Göttin von Binah,
Du bist das Geheimnis im Hügelgrab;
Shekinah, Göttin von Binah,
Du bist das Leuchten in der Mitte des Steinkreises.

Shekinah, Göttin von Binah,
hilf mir als die, die die Schwitzhütte ist!
Shekinah, Göttin von Binah,
hilf mir als die Weiße, die Große, die Neblig-Leuchtende!
Shekinah, Göttin von Binah,
hilf mir als die Quelle des Lebens!

Evohe!"

e)   Abschluß der vier Bitte

Kurze Pause, in der der Magier die Kräfte in dem Tempel spürt.

„Das Geburah-Ritual kann beginnen."

165

- Die Reise von Malkuth nach Geburah -
(„Exkarnation")

4. Die Reise von Malkuth über Yesod nach Tiphareth

Der Magier geht zu der Tempel-Eingangstür im Vorraum des Tempels (linker Raum in der Skizze). Er steht dort im Westen des Tempels und blickt nach Osten.

a) 1. Schritt: an der Pforte des Tempels

„Priester der Schlange der Weisheit,
Fährmann mit den zwei Gesichtern,
Charon auf dem Styx,
sei mein Führer auf dem Schlangen-Pfad den Lebensbaum hinauf.
Ich habe an das Tor des Tempels geklopft – laß mich ein.
Ich habe den Grad des Neophyten erworben.
Ich habe das Geschenk der Selbsterkenntnis erhalten.
Ich will wie die Sonne werden!
Ich will wie Tyr, wie Zeus, wie Shiun strahlen!
Ich will Osiris, Buddha, Christus, Baldur folgen!
Ich will mein Licht erstrahlen lassen!"

b) 2. Schritt: Malkuth

Der Magier geht auf die Malkuth-Position im Tempel.

„Ich gehe weiter zu dem Grad des Zelators,
den ich im Erd-Ritual im Tempel von Malkuth erworben habe.
Ich habe in Malkuth die Gabe der Unterscheidungskraft
als Geschenk von Adonai ha-Aretz erhalten.
Ich will heil werden!
Ich will lebendig sein!
Ich will gedeihen!
Ich will strahlend in meinem Leib wohnen!"

c) 3. Schritt: Yesod

Der Magier geht auf die Yesod-Position im Tempel.

„Ich gehe weiter zu dem Grad des Theoricus,
den ich im Mond-Ritual im Tempel von Yesod erworben habe.
Ich habe in Yesod *die Lebenskraft*
als Geschenk von Schaddai el-Chai erhalten.
Ich will die Lebenskraft sehen!
Ich will die Lebenskraft lenken!
Ich will die Lebenskraft in mir fließen lassen!
Ich will voller Lebenskraft erstrahlen!“

d) 4. Schritt: Hod

Der Magier geht auf die Hod-Position im Tempel.

„Ich gehe weiter zu dem Grad des Practicus,
den ich im Merkur-Ritual im Tempel von Hod erworben habe.
Ich habe in Yesod die Wahrheit
als Geschenk von Elohim Tzabaoth erhalten.
Ich will die Wirklichkeit sehen!
Ich will die Welt verstehen!
Ich will mich selber erkennen!
Ich will in mir die Wahrheit erstrahlen lassen!“

e) 5. Schritt: Netzach

Der Magier geht auf die Netzach-Position im Tempel.

„Ich gehe weiter zu dem Grad des Philosophus,
den ich im Venus-Ritual im Tempel von Netzach erworben habe.
Ich habe in Netzach die Intensität
als Geschenk von YHVH Tzabaoth erhalten.
Ich will intensiv fühlen!
Ich will hemmungslos streben!
Ich will ganz ich selber sein!
Ich will werden wie die Strahlen der Sonne!"

f) 6. Schritt: Graben

Der Magier geht auf die Graben-Position im Tempel.

„Ich gehe weiter zu dem Grad der Pforte,
den ich im Graben-Ritual im Tempel von Paroketh erworben habe.
Ich habe in Paroketh den Anblick meiner Seele
als Geschenk von meiner Seele erhalten.
Ich will der Sonne folgen und am Abend sterben!
Ich will die finstere Göttin und die liebevolle Göttin sehen!
Ich will zu meinem Ursprung gehen!
Ich will die Quelle meiner Inkarnation finden!
Ich will vom Sonnen-Vogel am Tages-Himmel
zur Sonnen-Schlange in der nächtlichen Unterwelt werden.
Mein Gold-Kelch ist leer,
Meine Silberschnur ist zerrissen,
Mein Schwert ist zerbrochen. "

Der Magier steht auf der westlichen Seite des Vorhangs zwischen den beiden Säulen.

Er macht die Geste des Öffnens des Vorhangs (wie im Großen Pentagramm-Ritual) und tritt durch das Tor zwischen den beiden Säulen in den Hauptraum des Tempels (rechter Raum in der Skizze).

g) 7. Schritt: Tiphareth

Der Magier steht nun auf der östlichen Seite des Vorhangs zwischen den beiden Säulen.

Der Magier geht auf die Tiphareth-Position im Tempel.

„Ich gehe weiter zu dem Grad des Adeptus Minor,
den ich im Sonnen-Ritual im Tempel von Tiphareth erworben habe.
Ich habe in Tiphareth die Vereinigung mit meiner Seele
als Geschenk von YHVH Eloah va-Da'ath erhalten.
Ich will in die Unterwelt reisen!
Ich will die schwarze Nacht-Sonne werden!
Ich will den Schlangenweg gehen!
Ich will zur Sonne werden!
Ich betrete den Inneren Tempel;
Ich betrete die Halle der Adepten;
Ich betrete das Reich der Seelen. "

- Geburah -

5. Geburah: Blick nach Chesed

a) Die Essenz der Vergangenheit

„Ich habe das Tor nach Geburah durchschritten,
Ich habe das Reich Elohim Gibors betreten,
wo das Feuer auf mich wartet.

Meine Vergangenheit ist vergangen,
Mein Leben ist geendet –
die Zukunft liegt vor mir.

Ich bin mehr als ich jetzt weiß,
Ich öffne meine Augen,
Ich lasse alles los, damit alles kommen kann."

b) Der Weg zur Grabkammer

Der Magier geht zu dem Anfang des Weges, der zu dem Gewölbe führt.

„Ich gehe zu dem Anfang des Weges in die Stille, in die Nacht, in das Reich der Seelen.“

Auf dem Weg stehen die fünf brennenden Kerzen in der Form eines Pentagramms.

- Die Erd-Kerze -

„Ich bin bereit, den Leib, den ich bisher hatte, loszulassen.“
Der Magier löscht die Erd-Kerze.

- Die Wasser-Kerze -

„Ich bin bereit, die Gefühle, die ich bisher hatte, loszulassen.“
Der Magier löscht die Wasser-Kerze.

- Die Luft-Kerze -

„Ich bin bereit, das Denken, das ich bisher hatte, loszulassen.“
Der Magier löscht die Luft-Kerze.

- Die Feuer-Kerze -

„Ich bin bereit, die Kraft, die ich bisher hatte, loszulassen.“
Der Magier löscht die Erd-Kerze.

- Die Licht-Kerze -

„Ich bin bereit, in neue Bereiche zu gehen als in die, in denen ich bisher gewandelt bin. "

Der Magier nimmt die Licht-Kerze, stellt sie auf den Altar im Gewölbe und kehrt auf seinen vorigen Platz zurück.

„Das Alte liegt hinter mir – ich lasse es los.
> *Was ist die Essenz?*
Ich bin durch die Pforten des Todes gegangen – ich gehe nun weiter.
> *Was ist die Heimat?*
Der Wirbel der Lebenskraft hat sich beruhigt – ich atme nun freier.
> *Woher bin ich gekommen?*

Entspannung wartet auf mich – ich spüre sie.
> *Ich nehme sie an.*
Gelassenheit wartet auf mich – ich spüre sie.
> *Ich nehme sie an.*
Weitung wartet auf mich – ich spüre sie.
> *Ich nehme sie an.*

Man nennt es das Fegefeuer – aber was sehe ich selber?
> *Ich schaue.*
Man nennt es Karma – aber was sehe ich selber?
> *Ich schaue.*
Man nennt es Rückschau – aber was sehe ich selber?
> *Ich schaue.*

Ich sehe es, ich nehme es an – und gehe weiter.
> *Das war mein Leben.*
Ich spüre es, fühle es – und gehe weiter.
> *Das war mein Leben.*
Ich nehme mir die Essenz – und gehe weiter.
> *Das war mein Leben. "*

Der Magier blickt nach Osten.

„Im Osten kommt der Pfad von Binah nach Geburah – der 'Siegeswagen'. Er bringt mir Mut in der Nacht, er bringt mir die Kraft im Kampf, er bringt mir Zuversicht auf schweren Wegen.
Im Süden kommt der Pfad von Chesed nach Geburah – die 'Stärke'. Sie ist Kraft aus

dem Herzen heraus, Unerschütterlichkeit im Gemüt, Gelassenheit im Angesicht von Hindernissen.

Zusammen sind sie das ruhige Fortschreiten auf dem eigenen Weg, das sich durch keine Hindernisse beirren läßt. Gemeinsam sind sie wie die Sonne bei ihrem Aufstieg am Morgen, wie der goldene Feuervogel."

„Ich gehe nun in das Gewölbe, und lege mich dort an dem Ort der Seelen nieder – dort, wo ich bereits beim Erlangen des Grades des Adpetus Minor gelegen habe. Dorthin gehe ich nun und vertraue mich der Stille an – und schaue."

Der Magier betritt nun das Gewölbe und legt sich in den Sarkophag.
Dort bleibt er so lange liegen, wie es sich für ihn richtig anfühlt.
Schließlich öffnet der Magier wieder seine Augen.

„Das Feuer beginnt im Verborgenen zu glühen,
Die Kundalini erwacht in der Stille,
Der Drache steigt aus der Tiefe empor.

Osiris ist gestorben,
> *doch Isis hat sich mit ihm vereint, um ihn erneut zu gebären.*
Tyr ist zerstückelt worden,
> *doch Freya hat sich mit ihm vereint, um ihn erneut zu gebären.*
Die Seelen der Toten haben ihren Leib verlassen,
> *doch die Göttin hat sich mit ihnen vereint, um sie erneut zu gebären.*

Göttin, komme zu mir,
damit auch ich mich Dir wiederzeugen kann."

Der Magier imaginiert, daß Shekinah zu ihm kommt. Er imaginiert die Wiederzeugung von sich selber mit der Jenseitsgöttin. Da der Magier in dem Sarkophag auf dem Rücken liegt, wird sich Shekinah z.B. wie Isis auf den Leib des toten Osiris setzen.

Der wesentliche Punkt ist hier nicht die erotische Anziehung, sondern die Kraft der Kundalini, das Vertrauen in die Geborgenheit bei der Göttin und der Wunsch nach einer erneuten Inkarnation.

Der Magier imaginiert diese Szene solange, wie es sich für ihn richtig anfühlt.
Danach bleibt der Magier zunächst noch eine Weile liegen.

6. Der Magier in Geburah

a) Willkommen

„ Ich habe Geburah erreicht.
Ich schreite durch den Hof der Burg,
Ich stehe in der Festung des Mars,
Ich schaue von dem Turm in die Weite.
In dem Gewölbe unter dem Hof wartet der Drache –
Willkommen, Drache!

Ich habe Geburah erreicht.
Ich stehe im Kreis der Steine,
Ich gehe durch den Gang in den Hügel,
Ich liege in der Kammer des Grabes.
In der Dunkelheit wartet die Göttin –
Willkommen, Göttin!

Ich habe Geburah erreicht.
Ich stehe am Rand des Kraters,
Ich liege am Boden des Schlotes,
Ich ruhe in der Quelle des Feuers.
In der Mitte der Erde wartet die Kundalini in der glühenden Lava –
Willkommen, Kundalini!

Ich habe Geburah erreicht.
Ich sitze in der fließenden Kugel,
Ich warte in dem flüssigen Rauchobsidian,
Ich verweile in dem Tempel von Geburah.
In der ganzen Kugel weht der Atem von Samael –
Willkommen, Samael!

Ich habe Geburah erreicht.
Ich ruhe ungeboren im Bauch der Göttin,
Ich warte auf meine Geburt,
Es drängt mich in die Welt.
In ihrem Bauch wächst mein Entschluß und mein Leben –
Willkommen, mein nächstes Leben! “

Der Magier erhebt sich.

„Ich erhebe mich.
Ich bin nun ganz in Geburah angekommen.
Ich erhebe mich aus dem Sarkophag."

Der Magier geht zu dem Tor des Gewölbes an den Anfang des Weges.

„Der Weg ist der Wehrgang der Burg,
    das Gewölbe ist die Kammer unter dem Burghof.
Der Weg ist die Steinallee,
    das Gewölbe ist der Steinkreis, zu dem die Allee führt.
Der Weg ist der Schlot des Vulkans,
    das Gewölbe ist die Lava tief unten in der Erde.
Der Weg ist der Eingang zu der Kuppel aus Ästen und Fellen,
    das Gewölbe ist die Schwitzhütte.
Der Weg ist die Reise ins Jenseits,
    das Gewölbe ist die Kugel aus fließendem Gestein.
Der Weg ist die Vagina der Göttin,
    das Gewölbe ist ihr Bauch.
Der Weg ist mein Leben
    und in dem Gewölbe warte ich selber auf mich selbst."

b)   Die fünf Kerzen

Auf dem Weg stehen die vier ausgelöschten Kerzen in der Form eines Pentagramms – die weiße Kerze für die Spitze (Quintessenz) steht jedoch noch auf dem Altar im Gewölbe.

- Die Erd-Kerze -

„Ich fülle meinen Leib mit den Kräften und Qualitäten, mit den Tänzen und Gesängen von Geburah."

Der Magier entzündet die Erd-Kerze.

- Die Wasser-Kerze -

„Ich fülle meine Gefühle mit den Kräften und Qualitäten, mit den Tänzen und Gesängen von Geburah."

Der Magier entzündet die Wasser-Kerze.

- Die Luft-Kerze -

„Ich fülle mein Denken mit den Kräften und Qualitäten, mit den Tänzen und Gesängen von Geburah."

Der Magier entzündet die Luft-Kerze.

- Die Feuer-Kerze -

„Ich fülle meine Kraft mit den Kräften und Qualitäten, mit den Tänzen und Gesängen von Geburah."

Der Magier entzündet die Feuer-Kerze.

„Ich will in Geburah wandeln, aus Geburah heraus leben, mit der Qualität von Geburah handeln und mein Leben mit den Kräften und Qualitäten, mit den Tänzen und Gesängen von Geburah erfüllen. "

Der Magier nimm die Licht-Kerze von dem Altar im Gewölbe und stelle sie auf die Spitze des Pentagramms.

c) Der Tanz

Der Magier entzündet in einer dafür geeigneten Schale ein kleines Feuer. Die Schale steht am Eingang zu dem Gewölbe.

„Mann in der Schwitzhütte,
Jäger in dem Steinkreis,
Krieger im Tempel,
Seele im Hügelgrab,
Orion am Himmel,
Samael im roten Planeten,
Elohim Gibor in Geburah!

Ich rufe Dich, Mann, erwache in mir!
Ich rufe Dich, Jäger, erwache in mir!
Ich rufe Dich, Krieger, erwache in mir!
Ich rufe Dich, Seele, erwache in mir!
Ich rufe Dich, Orion, erwache in mir!
Ich rufe Dich, Samael, erwache in mir!
Ich rufe Dich, Elohim Gibor, erwache in mir!

Ich singe mein Lied,
Ich tanze meinen Tanz.
Ich lausche, was in mir erwachen will,
was in mir nach Ausdruck sucht. "

Der Magier beginnt langsam entweder zu singen oder zu tanzen oder beides.

„Ich singe leise, ich singe laut,
 Ich singe, wie es meine Wahrheit ist.
Ich tanze wild, ich tanze sanft,
 Ich tanze, was ich bin.
Ich tanze lang, ich tanze kurz,
 Ich tanze und singe, wer ich bin. "

Der Magier singt und tanzt so lange, wie es sich passend anfühlt.
Danach sollte eine kurze Zeitlang Stille herrschen.

„Meine Seele sieht mich.
Meine früheren Inkarnationen sehen mich.
Elohim Gibor sieht mich.
Shekinah sieht mich. "

Danach sollte wieder eine zeitlang Stille herrschen – aber kürzer als die vorige Pause.

d)   Die zwölf Weisheiten

„Was sagen die Weisen zu Geburah?"

1. Weisheit

„Im Sephirah Yezirah heißt es in den '32 Sprüchen der Weisheit' über den fünften Pfad, der die Sephirah Geburah ist:
> *'Der fünfte Pfad heißt Wurzelintelligenz, weil er der höchsten Einheit in Kether mehr als jeder andere gleicht. Er verbindet sich mit Binah, dem Verstehen, das wiederum den uranfänglichen Tiefen der Chokmahs, der Weisheit, entströmt.'"*

Der Magier spricht aus, was er dabei sieht, hört, spürt, empfindet.

2. Weisheit

„Im Bahir heißt es:
> *'Was ist der fünfte Spruch? Die Fünf ist das Große Feuer Gottes, über das im 5. Buch Mose gesagt wird: 'Ich kann die donnernde Stimme des Herrn, meines Gottes, nicht noch einmal hören und dieses große Feuer nicht noch einmal sehen, ohne daß ich sterbe.' Das ist die linke Hand Gottes.'"*

Der Magier spricht aus, was er dabei sieht, hört, spürt, empfindet.

3. Weisheit

„'Geburah' ist der einzige Sephiroth-Name, der in der Bibel als ein Name für Gott verwendet wird. So heißt es, daß die Torah von dem 'Mund Geburahs' an Moses und Israel gegeben worden ist."

Der Magier spricht aus, was er dabei sieht, hört, spürt, empfindet.

4. Weisheit

„Geburah wird 'der Maßstab des Gerichtes' genannt."

Der Magier spricht aus, was er dabei sieht, hört, spürt, empfindet.

5. Weisheit

„Links steht die Säule des Wassers: Boas; rechts steht die Säule des Feuers: Jachin. Doch die Mitte der Säule des Wasser – Geburah – ist Feuer; und die Mitte der Säule des Feuers – Chesed – ist Wasser."

Der Magier spricht aus, was er dabei sieht, hört, spürt, empfindet.

6. Weisheit

„In Geburah findest Du die Vision der Kraft."

Der Magier spricht aus, was er dabei sieht, hört, spürt, empfindet.

7. Weisheit

„Geburah wird auch 'Pachad' genannt: Furcht."

Der Magier spricht aus, was er dabei sieht, hört, spürt, empfindet.

8. Weisheit

„Geburah ist die Heimat des Mars, des Ares, des Thor, des Horus, des Indra, der Mafdet, der Sachmet ..."

Der Magier spricht aus, was er dabei sieht, hört, spürt, empfindet.

9. Weisheit

„Geburah ist das Schwert, das von dem Feuer des Drachen entflammt ist."
Der Magier spricht aus, was er dabei sieht, hört, spürt, empfindet.

10. Weisheit

„Die Zahl von Geburah ist $6 \cdot 6 \cdot 6 = 216$."
Der Magier spricht aus, was er dabei sieht, hört, spürt, empfindet.

11. Weisheit

„Chesed hat die Zahl 72. Die 3 ist die Zahl des Zyklus. Geburah ist $3 \cdot 72 = 216$."
Der Magier spricht aus, was er dabei sieht, hört, spürt, empfindet.

12. Weisheit

„Berühre mit Deinen linken Fingern Deine rechte Schulter wie beim Ziehen des kabbalistischen Kreuzes."
Der Magier spricht aus, was er dabei sieht, hört, spürt, empfindet.

„Ich habe Geburah gesehen.
Ich habe ... ... (der Magier zählt auf, was er gesehen hat) ... ... gesehen.
Das ist ein Teil meiner Geburah-Schätze.
Ich werde sie mir gut bewahren und sie gut nutzen."

7. Geburah, Blick nach Tiphareth

a) Die beiden Pfade

Der Magier blickt auf die beiden Tarot-Karten im Westen.

„Im Westen kommt der Pfad von Hod nach Geburah – der 'Gehängte'. Er ist die Einsicht, der Mut und die Bereitschaft, die das Denken und alles Starre losläßt, um das zu erfahren, was ist und was wirkt.

Im Südwesten kommt der Pfad von Tiphareth nach Geburah – die 'Gerechtigkeit'. Sie ist der klare Blick, der Vergleich und die Entscheidung, die den nächsten Schritt ermöglicht.

Zusammen sind sie die Bereitschaft, gezeugt zu werden, geboren zu werden und ein Leben zu beginnen und so das, was die Seele als innere Vision beschlossen hat, auch leiblich zu erleben. "

b) Wiedergeburt und Wiederstillen

„Ich habe meine früheren Leben betrachtet,
Ich habe mich selber gesehen,
Ich habe mit meiner Seele gesprochen,
Ich habe meine früheren Schritte verglichen,
Ich habe meine alten Verbindungen neu gespürt,
Ich habe meine Kenntnisse gesichtet,
Ich habe meine Wünsche miteinander streiten lassen,
Ich habe mit mir selber gerungen,
Ich habe meine Impulse miteinander verbunden,
Ich habe meine Richtung geformt,
Ich habe mein Leben entworfen,
Ich habe meinen zukünftigen Weg gestaltet,
Ich habe meine Schritte entschieden,
Nun bin ich einsgerichtet – mit aller Intensität.

Ich habe beschlossen, welches Leben ich wähle,
Ich habe beschlossen, an welchem Ort ich geboren werde,
Ich habe beschlossen, zu welcher Zeit ich geboren werde,
Ich habe beschlossen, welche Eltern ich haben will,
Ich habe beschlossen, in welche Kultur ich geboren werde,
Ich habe beschlossen, mit welchem Horoskop ich leben will,
Ich habe beschlossen, welche Freunde und Geliebte ich treffen will,
Ich habe beschlossen, welche Kenntnisse ich erweitern will,
Ich habe beschlossen, welche Fähigkeiten ich haben will,
Ich habe beschlossen, welche Themen ich wähle.
Nun warte ich am Tor ins Leben, um mit aller Entschiedenheit
das zu sein, was ich bin und das zu tun, was ich will.

Ich trete ein in den Wirbel der Lebenskraft,
Spiegele mich in ihm als Mann und als Frau
und erschaffe so meinen inneren Mann und meine innere Frau.

Mein Wesen und mein Entschluß hallen durch die Lebenskraft
und finden Resonanz in einem Tier:
Mein Krafttier, das meine Art der Dynamik ist.

Mein Wesen und mein Entschluß hallen durch die Lebenskraft
und finden Resonanz in einer Pflanze:
Meine Kraftpflanze, die meine Art der Haltung ist.

Mein Wesen und mein Entschluß hallen durch die Lebenskraft
und finden Resonanz in einem Stein:
Mein Kraftstein, der meine Art der Strukturierung ist.

Dieses erste Bild, als das ich mich selber erschaffen habe, will ich mir bewahren:
Möge ich mich stets an dieses Sonnenkind erinnern!"

Der Magier imaginiert, daß Shekinah zu ihm tritt und ihn eine ganze Weile hält und umarmt.

„Ich war in Deinem Bauch und nun stillst Du mich mit Deiner Milch, mit dem Göttermet, mit Nektar ambrosia, mit Soma amrita, mit dem Lebenselixier ... so werde ich meinen Lebensweg stets von Geborgenheit erfüllt gehen."

Der Magier nimmt einen Kelch, der mit einem Gemisch aus Milch und Honig gefüllt ist und in dem ein Mondstein und ein Orangencalcit liegen und trinkt davon.

„Am Anfang war die Fülle und die Geborgenheit,
aus der Fülle und der Geborgenheit erwuchsen die Stärke und die Klarheit,
und aus allen diesen erwuchs die Selbstliebe,
die mein inneres Sonnenkind an jedem Ort und zu jeder Zeit strahlen läßt.
Das ist das Geschenk von Geburah an mich."

c) Schwert und Drache

„Ich rufe Dich, Feuerschlange, aus der Erde empor!
    Steige auf in mich!
Ich rufe Dich, Kundalini, aus dem Wurzelchakra empor!
    Steige auf in mich!
Ich rufe Dich, Drache, aus der Höhle empor!
    Steige auf in mich!

Fauche Dein Feuer flammend in mein funkelndes Schwert!
Schmiede glühend das zerbrochene strahlende Schwert!
Verbinde, vereine, verschmelze die zerbrochenen Teile!

Wieland – hilf!
Hephaistos – hilf!
Vulkanus – hilf!

Goibhniu – weihe das Schwert!
Svarog – weihe das Schwert!
Daidalos – weihe das Schwert!

Velchanos – fülle es mit dem Sonnenfeuer!
Kurdalagon – fülle es mit dem Sonnenfeuer!
Kaveh – fülle es mit dem Sonnenfeuer!

Kavja – gib mir den Ritterschlag!
Sethlans – gib mir den Ritterschlag!
Ilmarinen – gib mir den Ritterschlag!"

Der Magier imaginiert, daß der Schmiedegott das Schwert nimmt und spricht:
„Im Namen des Sonnengott-Göttervaters und im Namen seines Sohnes, des Schmiedegottes, schlage ich Dich, Frater XX, jetzt zum Geburah-Ritter."

Der Magier imaginiert, daß der Schmiedegott mit der Spitze der Klinge des Schwertes seine Schulter berührt.

Magier: „Ich nehme nun mein Schwert. Möge es mich stets an Geburah erinnern und mich mit der Kraft der roten Sphäre erfüllen!"

- Die Reise von Geburah nach Malkuth -

8. Rückkehr über Tiphareth und Yesod nach Malkuth

„Es ist Zeit, nach Malkuth zurückzukehren.
Ich will Geburah allezeit in mir tragen.
Ich will aus Geburah heraus leben.
Ich will meinen Tanz tanzen und mein Lied singen.

Ich trete nun durch das Tor des Geburah-Tempels hinaus. "

Der Magier tut dies.

„In Tiphareth ist der Entschluß gereift,
die Entscheidung gefallen;
dort ist die Vielfalt von Geburah
zur Einsgerichtetheit geworden.

Ich gehe nun nach Tiphareth. "

Der Magier tut dies.

„Der Graben ist der Abend gewesen,
doch nun ist er der Sonnenaufgang.
Der geflügelte Drache steigt auf,
der Phönix erhebt sich aus der Asche.

Ich gehe nun zu dem Graben. "

Der Magier tut dies.

„Ich bin der Fährmann mit den zwei Gesichtern,
ich bin über den Jenseitsfluß gefahren;
Ich bin der strahlende Sonnengott-Göttervater
mit dem goldenen Sonnen-Schwert.

Ich gehe nun nach Netzach. "

Der Magier tut dies.

„Die Sonne ist wiedergekehrt,
Die Schlange ist zum Adler geworden;
Das goldene Himmelsauge erleuchtet alle Dinge
und ich sehe sie, wie sie sind.

Ich gehe nun nach Hod. "

Der Magier tut dies.

„Ich gelange nun in das Reich des Mondes,
in das Meer der Lebenskraft,
die ich nun lenken und gestalten kann,
und sie von meinem Herzen her erwärme.

Ich gehe nun nach Yesod. "

Der Magier tut dies.

„Ich kehre nun zurück in meinen Leib
mit dem Feuer von Geburah;
Ich lebe nun mein Leben
mit der Entschiedenheit von Geburah.

Ich gehe nun nach Malkuth. "

Der Magier tut dies.

„Ich bin zurück in der Welt! "

- Schließen des Tempels -

9. Schließen des Tempels

a) Dank

„Danke, Elohim Gibor, für Deine Hilfe bei diesem Ritual!
Und Danke Dir, Samael!
Dank Dir, Shekinah!
Dank Dir, Gott der Schmiede!
Danke euch allen!
Ho!"

b) Kleines Pentagramm-Ritual

Das Ritual wird mit dem Kleinen Pentagramm-Ritual geschlossen.

Bücher von Harry Eilenstein

- The Synthesis of Physics and Magic (192 p.)
- Telepathy for Beginners (60 p.)
- Telepathy for Advanced Learners (52 p.)
- Telekinesis for Beginners (56 p.)
- Life Force for Beginners (76 p.)
- Kundalini for Beginners (104 p.)
- Astral Projection for Beginners (60 p.)
- Meditation for Beginners (60 p.)
- Prophecy for Beginners (60 p.)
- Ritual Magic for Beginners (64 p.)
- Magic Chant for Beginners (108 p.)
- Invocations for Beginners (52 p.)
- Evocations for Beginners (62 p.)
- Auto-Movement for Beginners (60 p.)
- Elves for Beginners (56 p.)
- Hypnosis for Beginners (56 p.)
- Love Magic for Beginners (52 p.)

- Money Magic for Beginners (60 p.)
- Magic Objects for Beginners (64 p.)
- Shamanism for Beginners (52 p.)
- Chakra-Magic for Beginners (148 p.)
- Language of the Moon – for Beginners (128 p.)
- Self Knowledge for Beginners (60 p.)
- Da'ath-Magic for Beginners (64 p.)
- Astrology for Beginners (112 p.)
- Number Symbolism for Beginners (64 p.)
- Mandalas for Beginners (76 p.)
- Crop Circles for Beginners (344 p.)
- Feng Shui for Beginners (96 p.)
- Magic Research for Beginners (140 p.)

- Magic for Beginners – Anthology I (636 p.)
- Magic for Beginners – Anthology II (616 p.)
- Magic for Beginners – Anthology III (684 p.)
- Magic for Beginners – Anthology IV (580 p.)

Religion allgemein
- Die sieben Schritte des Lebens (428 S.)
- Muttergöttin und Schamanen (168 S.)
- Totempfähle (440 S.)
- Der Urriese (168 S.)

Jungsteinzeit
- Göbekli Tepe (472 S.)
- Die Göttin von Göbekli Tepe (144 S.)

Ägypten
- Hathor und Re 1: Götter und Mythen im Alten Ägypten (432 S.)
- Hathor und Re 2: Die altägyptische Religion – Ursprünge, Kult und Magie (396 S.)
- Isis (508 S.)

Christentum
- Christus (60 S.)
- Die Biographie des Teufels (144 S.)

Indogermanen
- Die Entwicklung der indogermanischen Religionen (700 S.)
- Wurzeln und Zweige der indogermanischen Religion (224 S.)

Griechen
- Pan (336 S.)
- Poseidon (668 S.)

Inder
- Dakini (80 S.)
- Vajra (76 S.)

Germanen
- Die Götter der Germanen (87 Bände – siehe nächste Seite)
- Odin (300 S.)

Kelten
- Cernunnos (690 S.)
- Taliesin (228 S.)
- Der Kessel von Gundestrup (220 S.)
- Der Chiemsee-Kessel (76)

Psychologie
- Über die Freude (100 S.)
- Das Geheimnis des inneren Friedens (252 S.)
- Das Beziehungsmandala (52 S.)
- Gefühle und ihre Verwandlungen (404 S.)
- einsgerichtet (140 S.)
- Liebe und Eigenständigkeit (216 S.)
- Von innerer Fülle zu äußerem Gedeihen (52 S.)

Heilung
- Die Symbolik der Krankheiten (76 S.)

Kunst
- Herz des Tanzes – Tanz des Herzens (160 S.)

Drama
- König Athelstan (104 S.)

„Magie für Anfänger"

- Telepathie für Anfänger (60 S.)
- Telepathie für Fortgeschrittene (52 S.)
- Telekinese für Anfänger (52 S.)
- Lebenskraft für Anfänger (60 S.)
- Meditation für Anfänger (56 S.)
- Kundalini für Anfänger (100 S.)
- Hypnose für Anfänger (56 S.)
- Auto-Movement für Anfänger (56 S.)
- Chakra-Magie für Anfänger (148 S.)
- Astralreisen für Anfänger (56 S.)
- Astrologie für Anfänger (120 S.)
- Silberschnüre für Anfänger (52 S.)
- Ritual-Magie für Anfänger (56 S.)
- Mandalas für Anfänger (68 S.)
- Geldzauber für Anfänger (56 S.)
- Liebeszauber für Anfänger (52 S.)
- Invokationen für Anfänger (52 S.)
- Evokationen für Anfänger (60 S.)
- Geister für Anfänger (52 S.)
- Elfen für Anfänger (56 S.)
- Magie-Forschung für Anfänger (140 S.)
- Selbsterkenntnis für Anfänger (52 S.)
- Drogen-Kabbala für Anfänger (216 S.)
- Zahlensymbolik für Anfänger (60 S.)
- Die Sprache des Mondes – für Anfänger (116 S.)
- Zaubergesänge für Anfänger (100 S.)
- Zukunftschau für Anfänger (60 S.)
- Schamanismus für Anfänger (52 S.)
- Magische Gegenstände für Anfänger (68 S.)
- Da'ath-Magie für Anfänger (64 S.)
- Kornkreise für Anfänger (348 S.)
- Feng Shui für Anfänger (96 S.)
- Magie für Anfänger – Sammelband I (696 S.)
- Magie für Anfänger – Sammelband II (664 S.)
- Magie für Anfänger – Sammelband III (580 S.)

„Traumreisen"

- Traumreisen zu Heilpflanzen (700 S.)

Magie

- Handbuch für Zauberlehrlinge (408 S.)
- Tarot (104 S.)
- Physik und Magie (184 S.)
- Die Synthese von Physik und Magie (200S.)
- Die Magie-Formel (156 S.)
- Schwarze Löcher in der Magie (56 S.)
- Krafttiere – Tiergöttinnen – Tiertänze (112 S.)
- Schwitzhütten (524 S.)
- Mythen und Magie der Harfe (116 S.)
- Drei Adeptus Major Rituale (192 S.)

Meditation

- Der Lebenskraftkörper (230 S.)
- Die Chakren (100 S.)
- Das Chakren-System mit den Nebenchakren (296S.)
- Organe und Chakren (64 S.)
- Die platonischen Körper in den Chakren (156 S.)
- Meditation (140 S.)
- Drachenfeuer (124 S.)
- Kundalini I (676 S.)
- Kundalini II (672 S.)
- Reinkarnation (156 S.)
- einsgerichtet (140 S.)

Astrologie

- Astrologie (496 S.)
- Photo-Astrologie (428 S.)
- Die astrologischen Aspekte (88 S.)
- Horoskop und Seele (120 S.)

Kabbala

- Kursus der praktischen Kabbala (150 S.)
- Eltern der Erde (450 S.)
- Blüten des Lebensbaumes:
  - Die Struktur des kabbalistischen Lebensbaumes (370 S.)
  - Der kabbalistische Lebensbaum als Forschungshilfsmittel (580 S.)
  - Der kabbalistische Lebensbaum als spirituelle Landkarte (520 S.)

Eilenstein, Frater V.D., Knecht, Büdenbender

- Magie heute – Berichte aus der Praxis (288 S.)
- Living Magic (261 p.)

Büdenbender, Eilenstein

- Chaos, Alk und Magic (436 S.)

Die Themen der 87 Bände der Reihe „Die Götter der Germanen"

1. Die Entwicklung der germanischen Religion
2. Lexikon der germanischen Religion
3. Der ursprüngliche Göttervater Tyr
4. Tyr in der Unterwelt: der Schmied Wieland
5. Tyr in der Unterwelt: der Riesenkönig Teil 1
6. Tyr in der Unterwelt: der Riesenkönig Teil 2
7. Tyr in der Unterwelt: der Zwergenkönig
8. Der Himmelswächter Heimdall
9. Der Sommergott Baldur
10. Der Meeresgott: Ägir, Hler und Njörd
11. Der Eibengott Ullr
12. Die Zwillingsgötter Alcis
13. Der neue Göttervater Odin Teil 1
14. Der neue Göttervater Odin Teil 2
15. Der Fruchtbarkeitsgott Freyr
16. Der Chaos-Gott Loki
17. Der Donnergott Thor
18. Der Priestergott Hönir
19. Die Göttersöhne
20. Die unbekannteren Götter
21. Die Göttermutter Frigg
22. Die Liebesgöttin: Freya und Menglöd
23. Die Erdgöttinnen
24. Die Korngöttin Sif
25. Die Apfel-Göttin Idun
26. Die Hügelgrab-Jenseitsgöttin Hel
27. Die Meeres-Jenseitsgöttin Ran
28. Die unbekannteren Jenseitsgöttinnen
29. Die unbekannteren Göttinnen
30. Die Nornen
31. Die Walküren
32. Die Zwerge
33. Der Urriese Ymir
34. Die Riesen
35. Die Riesinnen
36. Mythologische Wesen
37. Mythologische Priester und Priesterinnen
38. Sigurd/Siegfried
39. Helden und Göttersöhne
40. Die Symbolik der Vögel und Insekten
41. Die Symbolik der Schlangen, Drachen und Ungeheuer
42.a Die Symbolik der Herdentiere I
42.b Die Symbolik der Herdentiere II
43. Die Symbolik der Raubtiere
44. Die Symbolik der Wassertiere und sonstigen Tiere
45. Die Symbolik der Pflanzen
46. Die Symbolik der Farben
47. Die Symbolik der Zahlen
48. Die Symbolik von Sonne, Mond und Sternen
49.a Das Jenseits I – Das Hügelgrab
49.b Das Jenseits II – Der Jenseitsweg
50. Seelenvogel, Utiseta und Einweihung
51. Wiederzeugung und Wiedergeburt
52. Elemente der Kosmologie
53. Der Weltenbaum
54. Die Symbolik der Himmelsrichtungen und der Jahreszeiten
55.a Mythologische Motive I
55.b Mythologische Motive II
56. Der Tempel
57. Die Einrichtung des Tempels
58. Priesterin – Seherin – Zauberin – Hexe
59. Priester – Seher – Zauberer
60. Rituelle Kleidung und Schmuck
61. Skalden und Skaldinnen
62 Kriegerinnen und Ekstase-Krieger
63. Die Symbolik der Körperteile
64.a Magie und Ritual I
64.b Magie und Ritual II
64.c Magie und Ritual III
65. Gestaltwandlungen
66.a Magische Angriffs-Waffen
66.b Magische Verteidigungs-Waffen
67. Magische Werkzeuge und Gegenstände
68. Zaubersprüche
69. Göttermet
70. Zaubertränke
71. Träume, Omen und Orakel
72. Runen
73. Sozial-religiöse Rituale
74. Weisheiten und Sprichworte
75. Kenningar
76. Rätsel
77. Die vollständige Edda des Snorri Sturluson
78. Frühe Skaldenlieder
79.a Mythologische Sagas I
79.b Mythologische Sagas II
80. Hymnen an die germanischen Götter